改變世界

典範聖賢篇

25個影響歷史文明的名人大事

作者·胡川安

插畫·張容容

時報出版

安定社會與增進人類福祉

改變全人類的生活方式

25 個讓人們在天堂與現在都過得更好的關鍵人物

你 喜歡聽故事嗎？或許，有些人覺得歷史太遙遠，這些故事雖然發生在過去，其實跟現代息息相關，我們可以透過瞭解關鍵人物與世界發展，看到在不同的時間、地點和文化中，關鍵人物對整個歷史長流產生的重大影響。這些人不但發揮自己的能力，感動當時的人們，也轉動了歷史巨輪，讓現代變得不一樣。

你知道顛沛流離的亂世，往往會孕育偉大的思想家嗎？偉大的宗教領袖是如何知道自己的任務，進而成為弘法、傳教的聖人呢？來自遠方的傳教士為什麼要在台灣建立新式教育和醫學呢？台灣第一位博士是

在什麼樣環境中長大的？

　　過去，多數給讀者的世界史作品，偏重從年代、事件和空間看待歷史，著重各年代的地理和空間的差別，卻很少著墨人物的影響力。然而，歷史是由人所組成，世界文明正是透過人們的種種決定，才會有所演進，並且產生影響力。

　　宗教領袖為了頓悟，即使遭遇磨難，也要突破重重關卡，勇往直前；為了帶給人類福音、真理和信仰，穿越到困難之地，豐富人類的信仰。這些人除了在精神領域，在人間社會發揮人飢己飢、人溺己溺的偉

大情操，照顧需要幫助的人。除此之外，我們的生活也因為一些偉大的實業家而改變，享有各種便利。

「改變世界：25 個影響歷史文明的名人大事」系列的《典範聖賢篇》中，你可以看到 25 個影響世界的關鍵人物，透過他們從小到大的生活環境，不但可以窺見這些人的人格特質養成，文中穿插的趣味故事與歷史知識點，更能完整瞭解他們的人生。例如：原本養尊處優的印度王子如何瞭解眾生苦而成為佛祖釋迦牟尼？你是否知道身為宗教領袖的穆罕默德，同時也是個經商高手！達賴‧喇嘛都是轉世靈童，那是如何找到的呢？有錢的商人杜南為什麼會想救濟戰爭的難民呢？

我衷心希望這 25 位影響世界的關鍵人物，能讓大家從他們創新的思維、執著的態度，還有偉大的心靈，豐富大家對世界歷史的認識。希望他們的生命故事，可以激發人們的人生志向和擴大未來職涯的選擇。

國立中央大學中文系
助理教授　胡川安

CHAPTER 1

影響人們後世
思想與信仰

Confucius

孔子 孔夫子

東亞文明的重要奠基者

profile

國籍➔古中國（春秋時代）
身分➔教師
生日➔西元前551年9月28日
卒年➔西元前479年4月11日

如果說到古代中國的偉大思想家，大家心裡應該多半會想到孔子。但究竟孔子為什麼偉大？他身處在什麼樣的時代？提出什麼樣的看法呢？

中國歷史在進入春秋時代的時候，發生了一個很重要的變化。本來的周朝即將崩潰，以前所建立的制度、思想和文化都遭到質疑，孔子就生活在這樣的時代。孔子是魯國人，父親是當時低層的公務員，72歲時第三次娶妻，太太只有18歲，後來生下了孔子，取名為「丘」。

由於孔丘的父親處於亂世，公務員的收入也不高。年輕的孔丘做過很多底層工作，母親在他17歲的時候去世。他自己則在19歲的時候，前往貴族季孫氏的門下做文書工作，管理一些倉儲和畜牧事務。

隨著年紀漸長，開始在鄰里之間講學，有顏回、曾點和冉耕等人。孔丘當時的教學方法多樣，隨著前來學習的學生狀況，運用不同的教學方式，讓他們都能獲得知識。

30 歲的時候，很多人慕名而來。因為他廣收門徒，而且學費不高，所以很多人來跟他學習。據說當時有三千名左右的學生，比較厲害的則有七十二位。我們現在可以用補習班的方式思考孔子，因為並不是正規學校，純粹靠學生給的註冊費，可以收到那麼多學生，可見孔子相當會講課。

孔子和南宮敬叔前往洛邑向老子求教。

學而不思則罔，
思而不學則殆

　　由於春秋時代是個社會變動相當大的時代，孔子認為要用「禮制」矯正當時的政治弊端。以周代的禮制，遵守君、臣、父、子的倫理秩序。要實現禮制，關鍵在於「仁」，是一種內心修養的工夫，一種道德的標準。己所不欲，勿施於人，從修身一直到國家秩序，都要涵養和維持如此的倫理秩序。

　　然而，孔子不僅是一個會教書的老師，他的心裡還有個更大的抱負，想要在政治上一展長才，希望能夠幫助更多人。50 歲左右的時候，孔子服務於魯國，官職是大司寇，算是現在的部長。

　　孔子在任內做得不錯，讓鄰國的齊國非常害怕。如果魯國的國政有所起色，會危害到齊國，所以透過政治

手段讓孔子離開大司寇的位置。孔子離開魯國以後，帶著弟子周遊列國，在衛、曹、宋、鄭、陳、蔡、葉和楚等不同國家，希望能獲得君王的賞識，但都沒有人想要任用他，甚至有人阻止他當官。

或許孔子所尊崇的周禮，被很多國君視為不合時宜的想法。孔子流浪了 14 年，晚年回到了魯國。這時的他著重在教育和整理以往所留下的古代典籍。孔子對於後世的影響很大，後來著重禮制的都被視為儒家的傳人，分為不同的派別，像是戰國時代的孟子和荀子。

除了在中國以外，孔子的思想傳播到東亞世界當中，對於韓國、越南、日本和台灣的教育和文化都有很重要的影響，堪稱是東亞最有影響力的思想家。

孔門四科十哲

孔子有十位傑出弟子，號稱孔門四科十哲：

在德行方面：顏回（子淵）、閔損（子騫）、冉耕（伯牛）、
冉雍（仲弓）。

在言語方面：宰予（子我）、端木賜（子貢）。

在文學方面：言偃（子游）、卜商（子夏）。

在政事方面：冉求（子有）、仲由（子路）。

Jesus Christ

耶穌 耶穌基督

基督教的聖者與創建者

profile

國籍➡羅馬帝國
身分➡基督教創立者
生日➡約西元前4年
卒年➡西元33年

世界上的三大宗教：基督教、佛教和穆斯林，都有不同的先知傳播超脫人世的法門，或是到達永生的方法。耶穌是生活在西元 1 世紀左右的宗教領袖，有不少人認為他可能是杜撰出來的人物，但目前普遍認為應該是真實的歷史人物。

據說耶穌的母親瑪利亞是位處女，約瑟本來要迎娶瑪利亞，但是天使百家列向她宣告聖靈感孕，會在沒有性行為的狀況下而懷孕，要將這位嬰兒取名為耶穌，他會將人類從罪惡中拯救出來。約瑟本來想休妻，但經過天使的勸說之後，瞭解了耶穌的重大使命。

約瑟帶著瑪利亞回故鄉伯利恆的過程中，由於旅宿沒有房間住，但分娩在即，在馬廄下產下耶穌。當時天使向牧羊人顯示神蹟，請他們來拜訪耶穌。由於天使的顯現和諸多的神蹟，使得耶穌的誕生消息傳開了。當時猶太國王大希律王聽說耶穌是要來當猶太人的王，擔心自己被取代，於是開始追捕耶穌。

英國沃里克郡諸聖教區教堂利明頓溫泉的彩色玻璃窗顯示耶穌基督。

> ## 「希望別人如何對待自己，自己就要那樣對待他人。」

　　耶穌一家人開始逃亡，等到大希律王過世之後才回拿撒勒居住。耶穌 30 歲的時候，在約旦河接受約翰的施洗。他為了得道，在原野中禁食禱告了 40 天，期間有很多魔鬼來誘惑他，考驗他的決心，但耶穌一一通過試煉。得道之後，耶穌開始在加利利傳道，有很多人追隨，他親自挑選了十二位門徒。

　　耶穌宣稱自己是神的兒子，要來拯救世界，宣揚天國的福音，並且對世人展現神蹟。而且耶穌向犯罪的人、病人或是下層的民眾傳教，沒有等差的愛。耶穌說自己是真理、生命、道路，跟著他的人可以到天父那裡。人需要悔改，信從福音，愛神並且愛人。

　　除了宣傳神的世界，耶穌也跟大家說明相親相愛的

道理。放下仇恨，愛自己也要愛鄰居。不要貪財，不需要擔心吃什麼、用什麼，彰顯神義，神就會照顧我們。不要看到別人不好的地方，也不要輕易評斷別人，我們要做好自己的本分。

由於耶穌的傳道相當淺顯易懂，因此吸引很多信眾，這也讓他成為猶太官方的眼中釘，除之而後快。有一次進入耶路撒冷，受到當地群眾的支持，並且和門徒一起吃晚餐，這也成為耶穌最後的晚餐。當時猶太宗教的領袖買通了十二個門徒之一的猶大，利用方法逮捕耶穌。

耶穌被逮捕後，因為自稱是神的兒子，犯了褻瀆的罪名，釘在十字架上，3個小時後死亡。然而，耶穌說他會復活，3天之後，耶穌果然復活了，向世人證明信他的人也會如此。復活後的40天，耶穌繼續傳道，在最後一次的傳道時，由彩雲接走。復活升天的時候，有大量門徒聚集在一起，後來發展成組織，大家相互幫忙，成為後來的教會。基督教後來不只在猶太人的社群，漸漸往外發展，成為現在全世界主要的宗教之一。

復活節的由來

西方傳統的復活節是在每年的春分月圓後第一個星期日舉行，如果滿月當天剛好是星期日，則需要往後延一週。所以，日期多半落在 3 月 22 日至 4 月 25 日之間。

復活節對基督教來說，是最古老且最有意義的節日之一，因為是為了紀念耶穌基督被釘死在十字架之後在第三天復活的日子。世界各地的基督徒為了慶祝耶穌基督的復活，每年都會舉行慶祝。

西班牙復活節聖週期間，懺悔者參加聖克魯斯聖基督的遊行。

Siddhāttha G

釋迦牟尼

喬達摩・悉達多

佛教文化的聖者與創建者

profile

國籍➡釋迦共和國
身分➡佛教創立者
生日➡西元前563／480年
卒年➡西元前483／400年

人生有很多苦痛，也有很多無法解答的問題。宗教提供我們很多靈性啟發，讓人找到方向，並且超脫人世的苦痛。佛教的奠基者，也就是後來所說的釋迦牟尼，或是尊稱「佛祖」的喬達摩‧悉達多，誕生在將近 2700 多年前的印度北部，他是一個小王國的王子。

傳說悉達多出生後，說出「天上下天下，唯我獨尊」。出生 7 天之後，悉達多的母親過世。從小生活在宮中，生活相當優渥，也學習了經典和武藝。成年之後，迎娶好幾位夫人，也生下了多位皇子。

人生看似順遂，而且作為皇位的繼承人，照理來說應該沒有什麼值得憂愁的事情。然而，在 29 歲那年，剛好有機會到宮外巡視，看到人世間的苦痛，像是病患、死者和年邁的老者，他不知道要如何能解脫這樣的苦難，幫助眾生離苦，經常在樹下思考。

此時的他無法想出解脫之道，於是到處拜訪名師，希望能夠理解人生的奧義。在拜訪阿羅邏伽藍尊者的時

候，他指導悉達多按照一定的修行方式以達到禪定的功夫。悉達多相當有慧根，一下就達到了尊者的要求。

釋迦牟尼繼續尋找尊者修行，直到最後找不到老師，但是他還沒有得到解脫的境界。後來和五比丘在一次苦行中昏倒，有牧羊女給了他羊乳而獲救。悉達多才知道苦行不是達到解脫的法門。他後來坐在菩提樹下，發願要能夠得道才會起身，一直到了第七夜黎明破曉時，他悟道了。

瞭解人生真諦的釋迦牟尼，開始傳道，並且成立了僧團，幫助更多人。除此之外，也開始有了在家居士。為了渡化眾生，還有傳播解脫困難的理念，佛陀走遍了印度各地。佛祖主要向眾生說明世界萬事萬物的起源，還有煩惱的來源，並且體會世間一切事情的空性。

佛陀講「四聖諦」，開釋存在人世間普遍的苦、為什麼會苦？苦的來由？還有苦的消滅，其中包含世間萬物的因果。如果悟道之人可以離苦，而且脫離輪迴。佛

佛畫喬達摩‧悉達多太子看到苦、老、死。

> **"一切行無常，生者必有盡，
> 不生則不死，此滅最為樂。"**

陀同時開釋修行的法門「八正道」，要「正見解、正思惟、正語言、正行為、正生活、正精進、正意念、正禪定」，透過修行的手段，一步步的帶領眾生解脫。

悟道的人知道什麼時候會離開世間，80歲的時候，佛陀在毗舍離城跟弟子講三個月後即將圓寂。即將涅槃時，佛陀仍向弟子說法。當晚須跋陀羅向佛祖請益，當場開悟。佛陀後來在娑羅雙樹下圓寂，弟子將火化後的舍利建塔供奉。

佛教後來成為世界性宗教，分成好幾支，進入中國的稱為漢傳佛教，後來還與道教相互影響，變成我們生活中不可忽視的信仰系統。

釋迦牟尼十大（比丘）弟子的名號

以下根據《維摩詰所說經》：

舍利弗：智慧第一

大目犍連：神通第一

大迦葉：頭陀第一，讀音為「大迦攝」

須菩提：解空第一

富樓那：說法第一，全稱「富樓那彌多羅尼子」

摩訶迦旃延：論義第一

阿那律：天眼第一

優波離：持律第一

羅睺羅：密行（於微細戒能護持）第一，佛陀的獨子

阿難：多聞第一，佛陀的堂弟、侍者

Muhammad

穆罕默德

穆罕默德・伊本・阿布杜拉・伊本・阿布杜勒-
穆塔利卜・伊本・哈希姆

穆斯林宗教與文化的創建者

profile

國籍➡阿拉伯帝國
身分➡伊斯蘭教創立者
生日➡西元571年4月24日
卒年➡西元632年6月7日

伊斯蘭教是現在世界三大宗教之一，而穆罕默德是該教的先知。除此之外，他也是個傑出的商人和政治家，同時用信仰鼓舞了大量信眾。穆罕默德出生在 6 世紀末期的麥加，是當地的望族。然而，父親在他出生前就過世了，跟隨著叔父。

穆罕默德青少年時期就經常跟叔父外出經商，有一次基督教的僧侶見到他，預言他將來會成為「先知」。長大後的穆罕默德成為了一個商人，當時的阿拉伯世界正好處於歐洲與印度之間，是重要的商業中心。年輕的穆罕默德在經商的過程中，也到過很多地方遊歷。

穆罕默德 25 歲時遇到有錢的遺孀海迪徹，兩人結婚，生下了三男四女。看起來人生平順，但中年以後，穆罕默德時常在山洞沉思。西元 610 年，當他冥想的時候，聽見天使吉卜利里的聲音：「你應當奉你創造主的名義而宣讀，他曾用血塊造人。你應當宣讀，你的主是最尊嚴的，他曾教人用筆寫字，他曾教人知道自己所不知道的東西。」

不識字的穆罕默德竟然可以誦讀出《古蘭經》，這讓周邊的親戚還有麥加的一部分民眾開始跟隨他。伊斯蘭教是一神論，真主在阿拉伯語稱作「阿拉」，除此之外沒有其他的神。

伊斯蘭教強調戒律與信仰的堅持，基本的修行要做到「五功」：念、拜、齋、課、朝。每天要禮拜五次，表達對真主的信念。穆斯林推崇將財富的一部分捐給貧困的人，是一種宗教上的義務。在齋戒時間，從黎明到黃昏都不吃不喝，且不能性交。

穆罕默德開始了傳教生活，當穆斯林越來越多時，危害了麥加貴族的利益，他們主要信仰偶像的崇拜，一神教的伊斯蘭教會危害麥加的宗教信仰和利益，於是開始大量迫害伊斯蘭教徒。

"假如你有兩塊麵包，
請你用一塊換一朵水仙花"

穆罕默德從尼札米的坎塞升天。

隨著麥加的迫害越來越大，穆罕默德和信徒遷往300公里外的麥地那，在當地落腳，並且建立了一個聯盟。然而，來自麥加的迫害並沒有停止，奪取了他們在麥加的所有財產。穆斯林們開始襲擊麥加的商隊，經過了幾次交手，穆罕默德都獲得了勝利，後來甚至統治了麥加。

重回麥加後，更多人相信穆罕默德的地位，而且主動皈依伊斯蘭教，阿拉伯半島逐漸整合成一個信仰伊斯蘭教的國家。穆罕默德在世的時候，按照伊斯蘭教的教義，設置了很多的福利措施照顧弱勢，幫助老、殘、窮，並且修建了很多清真寺，讓宗教組織和制度更為完備。

西元 632 年，穆罕默德朝聖之後，在阿拉法特山進行了最後一次的「告別講道」。之後幾個月，他於家中過世。伊斯蘭教在信徒的推廣之下，成為當代世界最重要的信仰之一。

古蘭經

《古蘭經》是伊斯蘭教中最重要的經典，穆斯林深信《古蘭經》是真主阿拉在 23 年的傳教過程中陸續宣布的啟示匯集，內容是真主透過天使加百列口頭傳授給穆罕默德。

經文共有 30 卷，114 章，6236 節，全部內容確立了伊斯蘭教的基本教義和制度。

Kūkai
空海

將佛法宣揚至日本的宗教大師

profile

國籍➔日本國
身分➔僧侶
生日➔西元774年7月27日
卒年➔西元835年4月22日

如果坐火車進入京都，會看到東寺的五重塔豎立在車站旁邊。五重塔已經是京都的著名地標之一，在眾多寺廟中的地位相當崇高，建立東寺的空海大師也是日本佛教和文化的重要推手。在日本稱為「大師」，大家腦海中會浮現的就是空海。那麼為什麼空海大師如此重要呢？

空海出生於今天四國香川縣的大戶人家，不愁吃穿。傳說空海的母親曾經夢到僧人進到肚子當中而懷孕，十二個月才將空海產下。空海出生在儒學世家，18 歲時讀到一本經書，振聾啟聵，突然開悟，決定皈依佛門。

在日本潛心修佛期間，讀到了一本《大日經》，屬於密教經典，產生濃厚的興趣。聽說在遠方的中國有高僧熟悉密教，便想要到長安留學。日本人醉心於中國文化，特別是唐代的時候，派遣十多次的遣唐使到長安，學習中國的藝術、宗教、建築、茶道、漢字、法律制度等，將中國文化帶回日本。

空海不是政府公費送出國的留學僧，決定自己花錢

日本京都東寺空海大師的雕像，死後稱為弘法大師。

> **"慈悲並採取利他的行動
> 是一切的基礎。"**

到中國學習佛法。然後，旅途並不是很順遂，遇到了強烈颱風，還在海上迷失了一個多月，漂流到中國南方的福建。上岸後還被當成海盜，由於空海精通中文，跟官府解釋了之後才放行。

從福建到長安花了空海二個多月，但一到長安，空海就知道來對了地方。他結交當時最有學問的高僧，並且學習佛教的語言梵語。除了在長安以外，空海在中國不同的寺廟遊學，希望大量吸收中國佛教的精華。

空海回國時，得到不少中國知名僧人的送別。然而，回到日本後，一開始並不順遂，當時規定遣唐時必須要有 20 年的學習歷程才能到京都。空海只有 3 年的留學經驗，被安置在九州的太宰府，一直到了嵯峨天皇即位才獲得重用。

空海一生最重要的事情就是在奈良附近的高野山創立了金剛峰寺，後來成為一個重要的佛教宗派真言宗的聖地，現在金剛峰寺成為日本的世界文化遺產之一。聽說一開始是空海走到附近時，一隻黑狗和白狗在前面領著他走路，過了很久後停下腳步，空海覺得此處由八座山峰所環繞，是開山建立寺廟的好地方，便在此創建了金剛峰寺。

　　創建了金剛峰寺後，天皇將自己的皇家寺院，也就是後來的東寺，按照長安的青龍寺而建，並且邀請空海在此弘揚佛法。由於東寺的地位崇高，加上天皇的護法，使得空海的弟子相當多，將佛法傳遍了日本。空海除了創立新的宗派，弘揚佛法之外，對於庶民的教育也非常注重，在東寺旁邊創立學校，不僅僧人可以入學，一般民眾也可以受教。

　　空海大師在 61 歲去世之前幾天，告訴弟子要離開人世，弟子不斷誦念佛號，最後圓寂離世。

《十住心論》

《十住心論》是空海的代表著作之一，是敘述真言密教體系的書（天長六本宗書之一），共 10 卷。書中把人心分成十個階段，建構起當時代表思想配置的體系，把真言密教代表人心的最高境界。

空海與羅漢。

異生羝羊心—— 受煩惱困擾之心

愚童持齋心—— 發現道德。儒教的境界

嬰童無畏心—— 超俗志向。印度哲學、老莊思想的境界

唯蘊無我心—— 小乘佛教中，聲聞的境界

拔業因種心—小乘佛教中，緣覺的境界

他緣大乘心—— 大乘佛教中，唯識、法相宗的境界

覺心不生心—— 大乘佛教中，中觀、三論宗的境界

一道無為心（如實知自心、空性無境心）—— 大乘佛教中，天台宗的境界

極無自性心—— 大乘佛教中，華嚴宗的境界

祕密莊嚴心—— 真言密教的境界

Georg Wilhelm

黑格爾

格奧爾格·威廉·弗里德里希·
黑格爾

唯心論哲學的代表人物

profile

國籍➡普魯士王國
身分➡唯心主義哲學家
生日➡西元1770年8月27日
卒年➡西元1831年11月14日

Friedrich Hegel

很多人不知道哲學能用來做什麼？哲學是所有萬事萬物的學問，是邏輯、是思想的泉源，也是推動世界的力量！20 世紀世界被分為兩個主要的陣營，一個是馬克思主義所衍生出來的共產主義；一個是資本主義。

從馬克思所發展出來的思想深深影響了我們的世界，黑格爾則深深地影響了馬克思的思想。黑格爾生於西元 1770 年，當時哲學是很重要的學問，是理解世界的重要方法。18 歲的時候，黑格爾進入了德國很好的杜賓根大學讀書。

由於當時發生了法國大革命，對於黑格爾的影響很多。在黑格爾之前很多的哲學家還有他的同學，也都深深影響著他，像是康德、史賓諾莎和盧梭等。黑格爾的哲學融合了很多之前哲學家的想法，而且為後世很多哲學家提供靈感。

黑格爾畢業之後，在耶拿大學寫他影響後世非常大的《精神現象學》。雖然當時在耶拿大學可以教書，但

卻是無薪的，靠著父親留下來的遺產拮据度日，一直到完成書了以後，才找到正式的教職。

受黑格爾影響的馬克思相信主宰人類歷史的是經濟，就是實際的物質，是經濟改變著世界。然而，黑格爾認為整個世界背後的力量，是推動人類的精神，用德文說是 Geist，可以翻為絕對精神。

什麼是絕對精神呢？要瞭解黑格爾的絕對精神，先要瞭解他對於「現實」的看法，他說：「現實就是合理的。」這句話常被人所誤解，以為黑格爾的「現實」和我們平常所經驗到的現實是同樣意思。但是黑格爾所謂的「現實」是所有事實的整體，要作為全體來看。

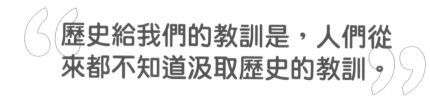

歷史給我們的教訓是，人們從來都不知道汲取歷史的教訓。

唯心主義哲學家黑格爾。

萬事萬物的全體，黑格爾稱之為「絕對」。而精神不是超越世界上的主宰，以前我們相信上帝或各種神，那些都是超越於世界的。黑格爾認為自然、社會、政治，還有人類的精神現象都是絕對精神不同階段的展現。以往在康德的哲學中沒有一個方向，但黑格爾的絕對精神是會朝著一定的方向走的，而且是變化的。

　　如果把絕對精神用在思考人類的歷史，可以透過正、反、合三個階段的辯證法發展。黑爾格嘗試對於德國的歷史用他的理論加以解釋，認為每一個時代，都有應該領導世界，負擔著使命的民族，完成辯證法的使命。在黑格爾的晚年，大力讚揚德意志帝國的發展，而且他的學說被當為德國的國家學說，認為德國承擔著辯證法的使命。

　　正、反、合的辯證法相當好用，而且很適合用來解釋人類歷史的過去、現在與未來，後來被馬克思用來解釋人類如何從資本主義發展到共產主義的過程。黑爾格本人沒有預期到他的哲學有如此大的影響，後來他在柏

唯心主義與唯物主義

唯物主義

與唯心主義相對立的哲學基本派別。承認宇宙統一於物質、精神或意識是物質的產物；客觀物質世界離精神而獨立存在，人的認識是對客觀存在的反映。在中國，唯物主義的代表有戰國的荀子，東漢的王充，南朝的范縝，明清的王夫之，清代的戴震等。19 世紀以來的唯物主義就是馬克思主義。

唯心主義

與唯物主義相對立的哲學基本派別。在哲學的基本問題上，主張精神第一性，物質第二性，認為精神（意識、觀念）是世界的本原，世界則是精神的產物。在中國的代表人物有陸九淵和王守仁、朱熹、英國則是貝克萊和德國的費希特和古希臘的柏拉圖和德國的黑格爾。多半是反動階級和保守勢力的世界觀。

林大學任教，甚至就任校長，寫了相當多的著作，思想體系相當龐大。

Dalai Lama

達賴 · 喇嘛

增進世界和平的宗教領袖

profile

國籍➡中華人民共和國
（中國）
身分➡藏人行政中央
最高領導人
生日➡西元1935年7月6日

宗教勸人向善，給予人心靈平靜。現在世界的不同宗教都有自己的領袖，像是天主教的教宗、伊斯蘭教的宗教領袖，或是道教的宗師。佛教從印度發源，到中國成為漢傳佛教。在中國與印度之間的西藏，長期以來信仰藏傳佛教。藏傳佛教相信他們的宗教領袖達賴喇嘛世世代代會轉世，在過世之後，經過幾道驗證程序，就可以確定轉世的靈童為下一任的達賴喇嘛。

目前仍然在世的第十四世達賴喇嘛原名為拉莫頓珠，出生在西藏東北部的民家，不是西藏的貴族，在家庭中十六個小孩中排名第九。十三世達賴喇嘛過世時，有預兆顯示要往東北、東方和東南方尋找轉世的靈童。當初尋找轉世靈童的人前往拉莫頓珠的村子時，發現了一些神蹟，確定為達賴轉世，帶他前往西藏的首府拉薩。

拉莫頓珠西元 1940 年在西藏的布達拉宮經過「坐床儀式」，並且在中華民國政府，還有尼泊爾和不丹的國際代表參與下，認可為十四世的達賴喇嘛。然而，認可為轉世活佛仍然需要接受相當多的教育，從梵語、哲學、

西藏第十四世達賴‧喇嘛在西藏蒙古文化中心贊助下弘揚佛法。

> **對自己好點，因為一輩子不長；對身邊的人好點，因為下輩子不一定能夠遇見。**

西藏醫學到佛學，同時學習戲劇、占星和聲律等西藏傳統的教育。除了傳統的教育，達賴喇嘛在此時也接觸到了西方的科技，喜歡望遠鏡或是鐘錶等西方的事物。

對於藏人來說，西元 1950 年是個非常重要的年代，剛成立的中華人民共和國進軍西藏，宣稱要「和平解放西藏」。共產黨統治初期仍然尊重西藏的特殊宗教和文化，也認可達賴喇嘛對於西藏的統治。然而，後來中共政權逐漸加強對於西藏的控制，造成西藏人民的反感，引發動亂。後來由於局勢不穩，達賴喇嘛有生命上的威脅，在美國的幫助下，流亡印度。

進入印度的達賴喇嘛成立西藏的流亡政府，後來超

過十萬的藏人流亡到印度，追隨達賴喇嘛。達賴喇嘛除了成立流亡政權外，他也積極地推動藏傳佛教與西方文化的對話，讓西方人能夠瞭解他們的文化。在西元 1973年第一次到西方國家訪問時，前往劍橋大學，希望佛教和科學可以對話，具體的促成認知科學、哲學和佛教學者間的對話。透過接受西方的不同學問，希望讓西藏文化能夠在國際上發聲。

達賴喇嘛的宗教思想以非暴力、慈悲和包容為中心思想，他將自己視為「印度古老思想的使者」，希望能夠寬恕與包容的看待世上的萬事萬物。達賴喇嘛是宗教上的領袖，也是政治上的元首。他開始接受西方的人權價值，並且強調自由和民主是人類所應享有的權利。

由於達賴喇嘛精通英語，並且善於寫作，傳播和平的理念，在西方世界成為相當知名的宗教領袖，並且於西元 1989 年獲得「諾貝爾和平獎」，表彰他在世界和平上的貢獻。

藏傳佛教

藏傳佛教是從西元七世紀開始，傳播於喜馬拉雅山區和中亞地區的佛教傳承之一。歷史上，信仰藏傳佛教的主要是西藏人和蒙古人，但從21世紀開始，特別是自五十年代末大量西藏人被迫流亡

世界各地以來，藏傳佛教也隨著傳入世界各地，並正成為一個跨越國家、民族的世界性宗教。世界佛教三大體系中，藏傳（藏語系）佛教具有兩大特點：第一是完整、系統第繼承了佛陀的教義。藏傳佛教是屬於大乘佛教，但從未輕視排擠小乘佛教。正如佛教格魯派祖師宗喀巴洛桑扎巴所教誨：「一切教乘並行不悖，一切佛言均屬教誨」。第二，藏傳佛教吸收了佛陀教義的精華：即密法（顯宗、密宗）和性空正見（中觀派）。（資料來源：達賴‧喇嘛西藏宗教基金會）

Yin Hai Kua

殷海光
崇尚自由主義哲學的思想家

profile

國籍➔日治時期的台灣
身分➔哲學家、評論家
生日➔西元1919年12月5日
卒年➔西元1969年9月16日

台灣現在的人民可以自由的選擇生活方式，政治上採取民主制度，每隔幾年就有大選，從總統到地方的議員，只要是中華民國的公民都可以擁有這些權利。然而，我們享有自由民主的生活也才大約 30 年的時間，以前有很多的知識分子幫我們追求這樣的自由，台灣大學哲學系的教授殷海光先生就是其中之一。

殷海光先生西元 1969 年去世，生活在世上不到 50 年的時間。但直到最近，不僅在台灣、香港和中國，還有海外華人圈，都繼續研究這位思想家的人生和著作。

殷海光出生的時間距今已超過 100 年，從小功課不是很好的他，有點任性頑皮。人生的轉機是高中的時候讀到《邏輯基本》，開始對於哲學產生濃厚的興趣，並且在大學時專攻西方哲學。

殷海光後來不僅在大學教書，而且經常在報紙上發表文章。西元 1949 年隨著國民政府來台，由於殷海光的文筆很好，擔任當時最重要的報紙《中央日報》的主筆。

"自由的倫理基礎有
而且只有一個：把人當人。"

殷海光照。

殷海光對於當時的政府抨擊十分激烈，甚至指稱當局的部分人是「政治垃圾」。後來被迫離開《中央日報》，到台灣大學哲學系任教。

在台灣大學哲學系，殷海光主要開設的課程為「邏輯」、「科學的哲學」，他相信哲學可以讓人有「批判性思考」和「獨立思考」的能力。殷海光不是學院當中的老學究，對於和現實無關的學術沒有興趣。他本人說過：「就純粹的學術來說，我絲毫沒有貢獻可言。」殷海光十分關心現實政治，並且透過著書立說，推廣他的想法。

殷海光相信「自由主義」，相信每個人都有基本人權，天生下來就有的。而且不只個人享有人權，他認為政治和思想都與「自由主義」息息相關，怎麼說呢？只有在政治自由的狀況下，才能保障每個人的基本人權。而且只有思想自由，才有可能保持政治上的自由。

殷海光所處的時代，台灣在獨裁的政權統治之下。

西元 1949 年國民政府遷來台灣，積極地想要「反攻大陸」。治理台灣採取專制不民主的政策，不允許自由的發表意見，也不能直接選舉人民的領導人。殷海光認為民主制度是比較好的政治制度，因此政府當局將他視為眼中釘。

由於當時政治上是一黨專制，殷海光認為民主制度是政黨間的競爭，因此在《自由中國》雜誌上批判當局，認為個人主義和科學方法才是現代國家重要的政策。他同時批判國民黨政府所推動的「反攻大陸」，認為不切實際。當時的政府派出很多的特務警察監視他，最後甚至不讓他在台大講課，剝奪言論自由。

殷海光後來雖然抑鬱而終，但他所留下的思想遺產相當的龐大，相信自由民主是最好的政治制度，而且希望每個人都具有批判性的思考，保持堅定的意志和清晰的思想。

殷海光故居

位於台北溫州街 18 巷的殷海光故居，曾是日據時代台北帝國大學（今台灣大學）的教授宿舍群之一，這處日式木造房屋，是當年台灣大學利用校警宿舍拆除後留下的建材建造而成。西元 1956 年，殷海光入住這處宿舍，閒暇時他自行鑿挖溝渠，將廢土堆砌成山，分別命名為「愚公河」、「孤鳳山」，並在這裡居住直到西元 1969 年過世為止。

Sheng Yen

釋聖嚴法師

人間佛法的重要傳遞者

profile

國籍➡台灣
身分➡佛學弘法師兼教育家
生日➡西元1931年1月22日
卒年➡西元2009年2月3日

宗教的力量可以轉化人心，每個時代都有不同的宗教領袖，將經典重新詮釋給信徒，讓他傳播綿延下去，聖嚴法師就是這個時代佛法傳遞的重要作家、思想家、教育家。

出生於中國江蘇的聖嚴法師，本名張保康。西元1931年出生的時候家中有六個兄弟姊妹。14歲的時候，鄰居從狼山回來，跟他說廣教寺在召募沙彌。張保康將生辰八字送上去之後，後來在狼山出家，法名常進。

16歲的時候，法師到了上海的靜安寺佛學院學習，奠定了一些佛學的基礎。然而，西元1949年由於國民黨政府被共產黨打敗，退守到台灣。當時法師為了離開中國，還俗加入國民黨軍隊，跟著來到了台灣。

西元1949年來到台灣的法師，雖然在軍隊當中生活，但他仍無法忘情於佛法，而且有：「原來是和尚，將來還要做和尚！」的想法。在西元1960年退伍之前，法師會趁著放假的空檔自行修習佛法，並且在很多重要

聖嚴法師照。

"面對它、接受它、
處理它、放下它"

的刊物發表文章。

由於他在西元 1956 年調到國防部，有較多的時間寫作，而且接觸到了印順法師的「人間佛教」，開始寫了大量的文章，為後來的思想體系留下重要的基礎。退伍之後的法師仍然覺得自己是個和尚，決定要再出家。

第二次出家的法師跟隨東初禪師，給聖嚴的字號為「慧空聖嚴」。西元 1961 年受戒之後，不到一個星期，聖嚴便決定到高雄的朝元寺閉關，修讀了大量的經典，在此期間寫下大量佛學的重要著作。

除了在台灣學習和修行外，聖嚴覺得要擴展自己知識的深度與廣度，與世界的佛學者論學，便決定西元 1969 年前往日本的立正大學攻讀博士。雖然東初禪師不同意，但帶著單程機票便前往東京。

西元 1975 年在通過嚴格的學習過程後，聖嚴法師獲得了博士學位。在國外接觸了不少世界佛學的研究者，

讓聖嚴覺得佛學是世界性的，所以回到台灣不久後，便應美國沈家楨居士的邀請，前往美國弘法。

西元 1977 年幫聖嚴剃度的法師東初禪師圓寂，他回台負責中華佛教文化館，但沒有放棄北美的弘法，來回於東西之間。為了要讓美國的信眾也能輕易的理解佛法，聖嚴發行了大量的英文刊物，成為世界知名的禪學大師。

由於信徒日益增加，聖嚴法師覺得要有一塊土地作為弘法的需求，便在台北的金山開始建設「法鼓山世界佛教教育園區」，想要建設「人間淨土」。聖嚴法師對於一般大眾的教育也相當用心，提倡「心六倫」和「心靈環保」的想法，讓一般人也可以用簡便的方式理解佛法。

晚年的法師患有腎臟癌，長年為病所苦，但仍然不忘記傳播佛教，而且關懷社會。在西元 2009 年的時候圓寂，享壽 78 歲，信仰影響很多人，在西元 2012 年被《天下雜誌》譽為「400 年來對台灣最具影響力的五十位人物」之一。

法鼓山「心五四運動」

四安──提昇人品的主張

安心：在心靈中少欲知足。

安身：在生活上勤勞簡樸。

安家：在家庭中相愛相助。

安業：在身、口、意上清淨精進。

四要──自在人生的主張

需要的不多，想要的太多。

能要、該要的才要，不能要、不該要的絕對不要。

四它──解決困境的主張

面對它：正視困難存在，不自欺欺人。

接受它：接受困難事實，不怨天尤人。

處理它：用智慧處理事情，用慈悲對待他人。

放下它：盡心盡力就好，不計成敗得失。

四感──與人相處的主張

感恩：使我們成長的一切順逆因緣。

感謝：給我們奉獻、服務的機會。

感化：用佛法感化自己，知慚愧、常懺悔，以佛法的悲智感化自己。

感動：用行為感動他人，從自己做起，以學佛的悲智行願感動他人。

四福──增進福祉的主張

知福：知福才能知足、知足才能常樂。

惜福：珍惜擁有、感恩圖報。

培福：享福非福、培福有福。

種福：成長自己、廣種福田、人人有福。

（資料來源：法鼓山全球資訊網）

德蕾莎修女

提供窮病交迫者希望的奉獻者

profile

國籍➡印度共和國（印度）
身分➡修女、傳教士
生日➡西元1910年8月26日
卒年➡西元1997年9月5日

社會上有很多需要幫助的人，像是窮人、病人和為戰爭所迫害的人，但有些人透過自己無私的奉獻和強大的能量，為這些人提供幫助，德蕾莎修女就是其中之一。

西元 1910 年德蕾莎修女出生於北馬其頓，當時在鄂圖曼土耳其帝國當中。父親是一名富商，相當積極參加反土耳其的運動。由於父親在德蕾莎 8 歲的時候過世，母親獨自撫養三位孩子。德蕾莎後來到克羅埃西亞的學校讀書，當時接觸到天主教學生會，宣揚到外地傳教，12 歲的德蕾莎決定要到外地去幫助窮人。

在 15 歲的時候，從神父的書信當中瞭解到印度的狀況，受到相當大的感動，決定要前往印度。德蕾莎成年之後決心要一輩子奉獻給天主，前往愛爾蘭的修會修行，後來被派到印度加爾各答的教區。

西元 1940 年代德蕾莎修女在教會中學擔任校長，但那是當地的貴族學校，她發現學校周邊都是乞丐、流浪

年輕時期的德蕾莎修女。

> 愛的反面，不是仇恨，
> 而是漠不關心。

漢和痲瘋病患，讓她對於這樣不協調的環境十分困擾。
德蕾莎修女西元 1948 年寫信給羅馬的天主教總會，希望
能成為一個自由修女行善。

　　羅馬教會同意了，德蕾莎修女接受了護士的訓練，
後來成立給貧窮兒童就讀的學校。一開始因為有太多的
人需要救助，但資金不夠，困難重重，可是後來很多人
被德蕾莎修女的善行感動，開始提供金錢、場地、資源
和設備，而且還有她過去教過的有錢人家的小姐。

　　由於有越來越多人跟隨德蕾莎修女，1950 年她成立
了「仁愛傳教修女會」，衣服是印度社會最底層的「吠舍」
所穿著的白綿紗布，鑲上樸素的藍邊成為她們的制服。
修女會的服務信念是貧窮、貞潔、服從，還要為最窮苦
的人服務。

　　西元 1952 年德蕾莎修女開始收容垂死的人，照顧生
命即將走到終點的窮人，讓他們可以有尊嚴且平靜的走
完人生。羅馬天主教會後來同意修女會可以在印度以外

建立修院，德蕾莎修女積極的拓展海外的慈善工作。

除了垂死之人，後來德蕾莎修女將收容之家開放給吸毒者、娼妓和受虐婦女。德蕾莎修女也積極的救助為戰爭而受苦的百姓，在以色列與巴勒斯坦的戰爭中，她走入了戰場，讓交火的雙方主動停火，等待她將平民疏散之後再開始駁火。

由於德蕾莎修女的奉獻精神，西元 1979 年獲頒諾貝爾和平獎，但她希望挪威政府可以取消國宴，因為一場國宴可以讓很多窮人吃飽，後來她還將諾貝爾的獎牌賣掉，收入所得都捐給了窮人。

獲獎後的德蕾莎修女繼續在全球從事慈善事業，她在全世界一百七十個國家中設立了超過八百所的救濟院、一百多間痲瘋病中心、上千家的巡迴診所，還有照顧愛滋病者的中心。為窮人中的至苦者奉獻，超過五千位修女後來也追尋她的腳步。

垂死之家

在加爾各答市政府捐贈的伽黎神廟旁的一間空房子，建立世界知名、讓窮人得以善終的「垂死之家（The home of dying）」，讓臨終者因為修女們的細心照顧而有機會起死回生。對這樣的人，除了給予適當的照料之外，還教給他們謀生的技能。垂死病人得到收容之家的修女、醫生、護士、義工的細心照顧，也能平靜安詳而有尊嚴地離開人世。

垂死之家與垂死之家裡的修女。

聖若望·保祿二世

帶領天主教現代化的教宗

profile

國籍➜梵蒂岡（波蘭裔）
身分➜教宗
生日➜西元1920年5月18日
卒年➜西元2005年4月2日

天主教為人類歷史上最綿延的宗教之一，宗教的領袖就是教宗，是全世界天主教徒的信仰的中心。從西元 1138 年以來，被封上「大教宗」頭銜的只有四位，聖若望保祿二世是其中一位。

聖若望保祿二世的原名是嘉祿‧若瑟‧沃伊蒂瓦，在西元 1920 年出生於波蘭的南部。父親卡洛在軍中任職，母親艾蜜莉亞結婚之前是教師。然而，沃伊蒂瓦的母親因為難產而死，後來在他 13 歲的時候，當醫師的哥哥不幸因為照顧病人而染病身亡。幾年內痛失至親的沃伊蒂瓦讓他思考生命的本質，後來他進入了亞捷隆大學研讀戲劇，同時也是個運動員。沃伊蒂瓦有語言天分，在大學的時候，學了十一種的語言，這讓他在任職教宗的時候，可以廣泛跟不同國家的人溝通。

沃伊蒂瓦在年輕的時候，遇到德國占領波蘭，所有的大學都遭到關閉，他無法繼續讀書，只能到工廠工作。在 21 歲的時候，父親因病身故，沃伊蒂瓦認真地思考人生的目標，決定要全心全意地投入神職。

> " 親愛的青年們，你們是明日自由與和平的新文明的締造者；未來就掌握在你們心中和手中。"

　　雖然在德國的占領下，沒有正式的天主教學位，但有教授私底下傳授神學，而且讓他在西元 1946 年之後前往羅馬，兩年之後獲得神學博士的學位。獲得神學博士的沃伊蒂瓦在波蘭的盧布林天主教大學任教。

　　沃伊蒂瓦第二次世界大戰之後在教區中認真盡責，一路向上升遷。西元 1963 年代表他的教區，參加了梵蒂岡的會議。由於時代的關係，天主教會也不能維持以往保守的思想，那次會議公布的《信仰自由》的思想，也強調天主教會現代化的想法。沃伊蒂瓦在這次關鍵性會議中，做出了重要的貢獻，也讓當時的教宗在西元 1967 年拔擢他為天主教最為核心的樞機主教。

克羅埃西亞的教宗聖若望·保祿二世雕像。

西元 1978 年沃伊蒂瓦獲選為天主教第 264 任教宗，為聖若望‧保祿二世，當年他才 58 歲，相當年輕。然而，剛上任不久的教宗，就遭到狂熱的穆斯林開槍擊中，幸好子彈偏離了，才不至於釀成生命的危險。

　　聖若望‧保祿二世返回祖國，當時波蘭仍在共產統治之下，他鼓舞了波蘭推倒共產政權的希望。教宗十分反對共產主義，他也間接促成東歐共產政權的垮台。

　　教宗對於以往敵對的穆斯林展現出友好，在西元 2001 年訪問敘利亞的清真寺，這是上千年來首位訪問清真寺的教宗。除此之外，在教宗的年代，很多國家都還有種族隔離政策，他明確表示反對。

　　由於教宗開明的措施，帶領天主教會進行現代化的變革，讓天主教會符合新時代的需求，也促使更多的信徒支持天主教。聖若望‧保祿二世在西元 2005 年過世時，享壽 84 歲，被封為聖人。

梵蒂岡

西元 60 餘年，聖伯多祿殉難後，天主教逐漸廣為流傳，4 世紀成為羅馬帝國國教，至 12-13 世紀時教宗國勢力達於顛峰。西羅馬帝國滅亡，歷任教宗以天主教會領袖之身分，領導受外族入侵之義國境內各族，逐漸成為全義大利地區精神及文化傳承中心，並在羅馬城遯近地區施行政教合一之統治，形成教宗國，垂 1000 餘年。西元 1870 年義大利王國出兵羅馬，統一義大利，宣布羅馬為首都，教宗退居梵蒂岡城堡，拒絕與義大利王國政府妥協。

西元 1929 年，義大利法西斯政府與教廷簽訂拉特朗條約（Lateran Treaty），承認教廷在國際社會之特別自主權及對羅馬城內梵蒂岡區之主權，於是教廷及以梵蒂岡城（Vatican City）為其主要領土。成為一獨立之主權國家，惟教廷主權尚含羅馬城內其他多幢建築及遍佈世界各地之天主教會。

（資料來源：台灣駐教廷大使館官網）

CHAPTER 2
安定社會與增進人類福祉

Mo Di

墨子 _{墨翟}

提倡兼愛、和平的思想家

profile

國籍➜古中國
　　　（春秋戰國時代）
身分➜思想家、政治家、
　　　軍事家
生日➜約西元前468年
卒年➜約西元前376年

現在的世界局勢多變，大國家相互角力，追求霸權，很多人都怕再度引起世界大戰。人類在上個世紀發動了兩次世界大戰，生靈塗炭，傷亡了上千萬人，所以追求和平的人大力倡議「和平主義」，成立了聯合國。

2000 多年前的戰國時代也是個戰爭頻仍的時代，因為周天子缺乏軍事權力，有權力的諸侯紛紛起而爭雄，國際之間的戰爭非常慘烈，秦國與趙國間的長平之戰據說就死了 70 萬人。

最壞的時代，思想家們想要解決人民生活困苦的問題，造成當時百家爭鳴，思想家輩出。大家比較熟悉的是儒家、法家和道家，但當時也有一批人，追求「和平主義」，稱為「墨家」，不僅在思想上倡導，並且在行動上實踐。

墨家的領導人物墨子，在戰國時代帶領很多學生，他的想法和孔子有很大的不同，孔子認為人死了之後要好好的埋葬，還要有很多的陪葬品，但是墨子則認為葬

禮越簡單越好，不要太多的繁文縟節。面對戰國紛亂的局勢，他強調「兼愛」和「非攻」，要愛天下所有的人，並且要阻止戰爭。

由於戰國時代很多大的國家兼併小國家，讓小國家備受威脅，有一次南方的大國楚國想要攻打宋國。當時有個很有名的木匠魯班，他不僅是個手藝好的木匠，還擅長製造攻打城池的武器，各國國君都延攬魯班製造相關的工具。

魯班被邀請到楚國，準備攻打小國宋國。但是，行俠仗義的墨子聽聞此事，打算阻止這場戰事。墨子不只提倡「和平主義」的哲學，還懂防禦和守衛城池的辦法。他跟楚國的國君說，就算使用了魯班的工具，也無法打下宋國的城池。

墨子要求在楚王面前模擬戰爭，證明所言不虛。墨子將腰帶解開，做成城池的模樣，並且拿了幾個小工具模擬防禦的工事。魯班同時也搬出了模擬的小型器具，

> “ 志不強者智不達；
> 言不信者行不果。”

墨子畫像。

並且連攻了九次，墨子每次都成功地守衛，而且城池毫髮無傷。

但此時魯班面露微笑，說道：「我知道怎麼贏你。」墨子說：「我也知道。」兩人沉默不語了一陣子，此時楚王忍不住說道：「你們在玩什麼花樣？」墨子說：「魯班是想在這裡將我殺了，我就無法去救援宋國了，但是我早就已經派我的學生前往宋國，他們都知道守城的辦法，就算你把我殺掉，也攻不下宋國。」楚王尷尬地笑出來，說道：「我才不想攻打宋國呢！只是想瞭解一下魯班和你哪個人比較厲害而已啊！」

墨子的「和平主義」不是理論派，只說不練，他們是一群行動家，知道戰爭的可怕，所以要用實際的戰略和技術來防禦戰爭的發生，才能讓廣大的人民免於無辜的波及。

關鍵人物知識 PLUS

墨子的政治思想

墨子是墨家學說的創立者，提出了「兼愛」、「非攻」、「尚賢」、「尚同」、「天志」、「明鬼」、「非命」、「非樂」、「節葬」、「節用」等觀點，以兼愛為核心，以節用、尚賢為支點，創立了以幾何學、物理學、光學為突出成就的一整套科學理論。

墨家在先秦時期影響很大，與儒家並稱「顯學」。戰國時期的百家爭鳴，有「非儒即墨」之稱。

杜南 亨利・杜南

國際紅十字會創辦人

profile

國籍➡瑞士聯邦（瑞士）
身分➡瑞士商人
　　　和人道主義者
生日➡西元1828年5月8日
卒年➡西元1910年10月30日

unant

台灣歷史上很少經歷過戰爭，所以我們不大知道戰爭的苦痛。但世界上很多地方，不管過去還是現在都還處在戰爭，在戰爭中提供救援平民的組織是紅十字會，他們無私的奉獻，希望能夠救助更多的性命。

紅十字會的創辦人杜南是瑞士人，出生在西元 1828 年的日內瓦，父母親都是生意人，而且是很虔誠的基督教徒。杜南的父母親都認為賺了錢要幫助孤兒、窮人和病人，這也很大程度影響了杜南的信念。

杜南在學校的成績並不是很好，但他天生具有生意頭腦，在典當行當學徒，並且到北非去收購倒閉的公司，從事農產品的種植還有銷售，賺了不少錢。經商的過程，西元 1859 年杜南有一次在索爾費里諾，遇到法國和薩丁尼亞的聯軍跟奧地利作戰。他看到戰爭中超過上萬的人受傷，不只是戰士，還有婦女和小孩都無辜遭殃，連基本的傷口包紮都沒有。

杜南感到相當震驚，決定採取行動，購買所需的醫

療工具和藥品，設立臨時醫院，召募醫護。在戰場上，他沒有考慮到受傷的人屬於哪一方，而是盡力救治傷患。在全部是兄弟姊妹的想法裡，提供醫療服務。

從戰場上回到家鄉日內瓦的時候，杜南寫了《索爾費里諾回憶錄》，其中他認為應該要有一個中立的組織來照顧戰爭中受傷的病患，他取名為「紅十字會」。杜南不只在腦中想，也開始在歐洲不同的地方宣揚他的理念，當時知名的作家雨果強烈支持他，法國皇帝拿破崙三世也贊成。

然而，杜南積極地推動他的理念，卻忘了好好經營事業，造成公司破產。他後來過著清貧的生活，仍然繼續推動自己的計畫。在西元 1870 年的普法戰爭中，他創

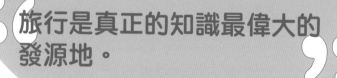

旅行是真正的知識最偉大的發源地。

七個小插圖描繪了克里米亞戰爭、法國戰爭、醫院內部等戰爭場景和紅十字會工作場景。其中一個小插圖是亨利‧杜南的肖像。

立了救濟會。之後他又成立了一個組織，討論裁軍的問題，還有應該要有一個國際法庭來調解國際間的衝突。

即使財務狀況不良，但到了很多地方從事戰爭傷患的救助，後來又將自己的想法寫成了一本書。在西元 1895 年有一個報社的主編注意到他，在報紙上刊出了〈亨利：杜南：紅十字會的創辦人〉的文章，被歐洲各國的報紙不斷轉載，因而造成轟動，讓他重新得到大家的關注。

由於事蹟在歐洲各國間流傳，他獲得了很多獎項，還有收到教宗的信，並且獲得很多人的金錢贊助，讓組織的財務狀況大幅改善。西元 1901 年，首次頒發的諾貝爾和平獎頒給了杜南，杜南獲取了獎金，但後來也捐給了相關慈善機構。

獲得諾貝爾獎的後兩年，他獲得了海德堡大學的名譽博士，最後在養老機構中過世，享年 82 歲。杜南所創辦的「紅十字會」，成為一個世界性的組織，在全世界不分種族、階級、國籍的幫助戰爭中的病患。

紅十字國際委員會

紅十字國際委員會（International Committee of the Red Cross，ICRC）是一個總部設於瑞士日內瓦的人道主義機構。

根據《日內瓦公約》以及習慣國際法的規定，國際社會賦予紅十字國際委員會特權和法律豁免權，保護國內武裝衝突和國際性武裝衝突的受難者。這些受難者包括戰傷者、戰俘、難民、平民和其他非戰鬥員。

紅十字國際委員會是歷史上最悠久且最負盛譽的組織，也是獲得最廣泛認可的組織之一，並在西元 1917 年、西元 1944 年和西元 1963 年三次榮獲諾貝爾和平獎。而紅十字會的創辦人亨利・杜南則在西元 1901 年榮獲首屆諾貝爾和平獎。

南丁格爾

佛羅倫斯・南丁格爾

戰爭中的提燈天使

profile

國籍➜大不列顛暨北愛爾蘭
　　　聯合王國（英國）
身分➜護士和統計學家
生日➜西元1820年5月12日
卒年➜西元1910年8月13日

醫 療工作不只有醫師，護士要幫助傷患護理的工作相
當辛苦，我們現在將護士改稱「護理師」，就是從
名稱上尊敬他們的工作。然而，以往的護士只有社會經
濟地位較低的人才會從事相關的工作，出生上流家庭的
南丁格爾將護士當成是一輩子的志業。

　　西元 1820 年出生在義大利佛羅倫斯的南丁格爾，是
英國的上流家庭，他們在義大利和英國都有宅邸。小時
候的南丁格爾過著優渥的生活，家裡有傭人可以服侍，
平常參加舞會和沙龍的活動。雖然看起來相當令人羨慕，
但南丁格爾覺得這不是她要的生活。

　　南丁格爾喜歡照顧別人，對於受傷的狗也會細心照
料。聽說她聽到上帝的召喚，決定要從事護理師的工作。
24 歲的時候決心要當護理師，家裡的人都非常的反對，
由於當時醫院的環境很差，護理師的工作相當危險，但
南丁格爾不顧家庭的反對，毅然決然地投入這個行業。

　　年輕的南丁格爾相當迷人，也有很多的追求者，有

好幾段的感情，但她後來都放棄了，因為她認為感情和家庭生活會妨礙她在護理上的工作。

西元 1850 年代英國、法國、俄國與土耳其為了爭奪小亞細亞的土地，發動了「克里米亞戰爭」，南丁格爾到前線從事護理工作。然而，她發現很多傷兵沒有得到適當的照顧，因為傷口感染和衛生條件不佳而死亡，還有沒有幫助傷患準備食物，照護條件欠佳才是戰爭死亡人數激增的原因。

南丁格爾和助手們改善戰地醫院的衛生條件，讓士兵感染的機率降低，改善場所的通風條件，並且準備營養的食物。晚上南丁格爾會提著燈巡房，有些傷兵將她稱為「上帝派來的天使」。

有了戰場上的經驗，南丁格爾回到英國之後，向皇家委員會報告，她認為改善惡劣的醫療環境，是可以提升病患復原的機率。南丁格爾有著統計學上的天分，她用現在很流行的「圓餅圖」向大家報告，讓大家清楚易懂，

> 人生欲求安全，當有五要：一清潔空氣；二澄清飲水；三通溝渠；四掃灑屋宇；五日光充足。

英國倫敦的佛羅倫斯·南丁格爾博物館展出的彩繪和含鉛玻璃「柳葉刀」窗板。

也可以完整接納她的意見。

除此之外，南丁格爾開始著手護理學校的興建，希望有制度性的培養護理師。南丁格爾透過倡議，募集資金，成立「南丁格爾基金」，運用資金提升護理的專業，將護理工作從以前的清洗和打雜，提升到專業的醫療服務。

不只關心英國的狀況，南丁格爾運用她善用統計學，調查了印度的衛生狀況。除此之外，她也積極地撰寫著作和教科書，留下了《護理指南》，成為了後來的護理師教學上的指南。

南丁格爾和克萊登之家南丁格爾培訓學校的護士。

南丁格爾一輩子獲獎無數，西元 1907 年國王愛德華七世頒贈功勞勳章給她，這是首位獲得此勳章的女性。在鈔票和郵票上也看得到她的肖像。晚年的南丁格爾雙眼全盲，在西元 1910 年過世的時候，享年 90 歲。

學習知識 PLUS

克里米亞戰爭

克里米亞戰爭，在俄羅斯又稱為「東方戰爭」，是西元 1853-1856 年間在歐洲爆發的一場戰爭，是俄國與英、法為爭奪小亞細亞地區權利而開戰，戰場在黑海沿岸的克里米亞半島。

作戰的一方是俄羅斯帝國，另一方是鄂圖曼土耳其帝國、法蘭西帝國、大英帝國，後來薩丁尼亞王國（義大利王國前身）也加入這一方。因為其最長和最重要的戰役在克里米亞半島上爆發，被稱為「克里米亞戰爭」。

克里米亞戰爭也改變了戰爭型態，大量使用槍砲等工業製造的武器，後方軍醫院與鐵路等作戰概念出現，電報促進了戰地新聞情報，同時政治上是俄羅斯人對抗歐洲的重要精神象徵，最終，居於劣勢的俄方求和，簽訂巴黎和約，俄國雖保住了在克里米亞的主權，但也失去巴爾幹半島的控制權。

野口英世

日本最受尊重的醫師

profile

國籍➡日本國

身分➡醫師、細菌學家

生日➡西元1876年11月9日

卒年➡西元1928年5月21日

如果有到過日本的人應該都會看到野口英世，因為他的頭像曾經被印在日幣 1000 元的紙鈔上。很多國家都會將影響歷史的關鍵人物印在鈔票上，日本也不例外。野口英世是日本最受人尊敬的醫師之一，但他卻沒有受過完整的醫學院教育就考取醫師，他是細菌學的權威，曾經被提名過諾貝爾醫學獎三次，讓我們來看看這個令人尊重的醫師的故事。

西元 1867 年野口英世出生在日本東北的鄉下，家裡相當貧困。父親不務正業又酗酒，家裡的生計都靠母親。由於母親太過操勞，野口英世小時候不小心掉到暖爐當中，沒有得到適當的醫治，造成他的左手有兩隻手指黏在一起。

因為手指的問題，加上家裡貧困，野口英世從小被同學嘲笑。然而，野口並不灰心喪志，努力讀書，刻苦學習，不管什麼科目都是第一名。努力認真的野口讓大家對他改觀，甚至全校募集手術資金要幫他治療左手。

治療手指的過程發現醫學可以幫助人，野口發憤圖強要當上醫師，然而貧困的環境無法資助他讀醫學系，他只能一邊工作，一邊自學要通過醫學考試。野口曾經短暫的在濟生學舍學習醫學，花了六個月就考過醫師資格考試。野口知道國際化的重要性，一邊學習英、法、德和西班牙語，每天只睡 3 小時，拚了命的讀書。

　　沒有大學學歷的野口英世，雖然通過了考試，但因為沒有臨床經驗，所以無法到醫院工作。野口決定當個研究者，發表論文。不到 1 年的時間，野口發表了好幾種外文論文和實驗報告。然而，這並沒有讓野口獲得學界的注意，這段時間的野口開始消沉，並且酗酒。

　　但是，出身貧困的野口沒有消極太久，馬上就繼續創造新的未來。後來他被派到橫濱的檢疫所工作，運用

謙讓別人就是處世之道。

日本東京台東上野公園的野口英世雕像。

細菌學的專業，在入境者的身上發現了鼠疫的患者，成功的防止鼠疫在日本擴散。由於這個成績，讓野口後來得到關注，派到滿州防治鼠疫。到了中國以後，他的語文能力發揮了功效，在當地遇到了美國來的佛萊克斯納博士，讓他得以前往美國的研究機構。

野口英世到了美國之後，專門研究蛇毒。在美國學習的時候，他也發揮了努力認真的精神，發表了相當多的研究報告。本來在實驗做助理，後來成為美國最好的醫學院之一洛克菲勒研究中心的研究員。

野口最重要的研究是關於梅毒病原體的研究，這是20世紀初在全世界廣為流行的傳染病。野口確認了梅毒的病因，當時很多人都覺得他會得到諾貝爾醫學獎。獲得重大成就的野口仍然不滿足，當時非洲流行黃熱病，他毅然決然地前往非洲，想要找到黃熱病流行的原因。最後野口英世在非洲得到黃熱病過世，雖然沒有找到病源，但是他的研究精神，還有認真的態度，一直留在日本人的心中，才會將他印在鈔票上。

日本紙幣

紙幣由日本銀行發行，國立印刷局製造，稱為日本銀行券。日本三種紙幣上人物，三人都不是政治家，而是文化人。

面額	正面	背面
¥10000 圓	福澤諭吉	平等院的鳳凰像
¥5000 圓	樋口一葉（西元 2004 年 11 月前為新渡戶稻造）	燕子花（西元 2004 年 11 月前為本栖湖與富士山）
¥1000 圓	野口英世（西元 2004 年 11 月前為夏目漱石）	左邊為本栖湖與富士山，右邊為櫻花。（西元 2004 年 11 月前為丹頂鶴）

西元 2019 年 4 月 9 日，日本財務大臣麻生太郎宣布了 ¥1000 圓、¥5000 圓和 ¥10000 圓紙幣的新設計，將於西元 2024 年開始使用，稱令和新鈔。

面額	正面	背面
¥10000 圓	澀澤榮一	東京車站丸之內側站房
¥5000 圓	津田梅子	多花紫藤
¥1000 圓	北里柴三郎	《富嶽三十六景》神奈川沖浪裏

馬偕

喬治・萊斯里・馬偕

建立台灣新式教育與醫學的傳教士

profile

國籍➡加拿大自治領（加拿大）
身分➡牧師
生日➡西元1844年3月21日
卒年➡西元1901年6月2日

如 果我們沿著中山北路，會看到馬偕醫院。一直開到
淡水，會看到淡江中學、真理大學，台灣還有很多
地方都跟馬偕有關。馬偕聽起來像是外國人的人名，沒
錯，他是來自加拿大的長老會傳教士。

馬偕的父母本來住在蘇格蘭，然而因為工作環境不
好，舉家遷移到了加拿大。馬偕生在加拿大的安大略省，
家中有三個哥哥和兩個姐姐，是最小的弟弟。由於家庭
環境的薰陶，馬偕本來念的是師範學校，畢業後當了小
學老師 5、6 年，又改念神學院，馬偕在西元 1870 年的
時候在美國的普林斯頓神學院畢業。

在西元 1871 年馬偕接受了加拿大長老教會的指令，
要到中國宣教。西元 1872 年馬偕坐船在淡水上岸，展開
了他在台灣的旅程。馬偕到了台灣之後，先在不同的地
方踏查，後來選擇了在淡水建立了台灣第一個教會——
淡水教會。為了方便台灣人瞭解基督的福音，馬偕認真
學習了台語，他知道要讓當地人瞭解，一定要學習語言。

馬偕在台灣投入傳教和教育運動，並且為當地人治病並提升醫療與衛生品質。

"寧為燒盡、不願腐鏽"

　　剛開始傳教的馬偕相當辛苦，台下的很大多人都嘲笑他，還說馬偕是「黑鬚蕃」。然而，馬偕並不氣餒，仍然抱持著信心。一開始馬偕在淡水附近傳教，後來往北台灣的五股、蘆洲、基隆、宜蘭等地設立教會。

　　而且馬偕傳道是有方法的，雖然他不是醫師，但有學過一些基本的醫學課程。傳教的過程中，他給台灣人一些基本的醫學知識，而且提供一些藥品，讓當地改善衛生環境後，得到當地人的信任再傳教。

　　除了傳播福音還有醫學知識，馬偕認為提升台灣的教育很重要。只有讓更多的人受教育，才能培養他們成為傳道人。1873 年馬偕有一批信徒受洗之後，他讓他們識字，讓他們讀《聖經》、唱聖歌，還有培養他們講道。除此之外，馬偕也教授實用的知識，像是醫療、用藥的

知識，讓這些傳道的人能夠幫助更多台灣民眾。

在清代的台灣，一般人幾乎都沒有受過教育。比較有錢的人讀的大部分是傳統經典，科舉做官要考八股文。然而，馬偕後來和他的台灣籍妻子張聰明創辦了「牛津學堂」（今真理大學）和「淡水女學堂」，讓女性也可以獲得教育。

馬偕在西元 1880 年帶著家人一起回到加拿大述職，期間在北美各處募款，並且獲得加拿大皇后大學的榮譽神學博士。馬偕在加拿大得到了不少支持，再度回到台灣後開始了第二階段的傳教事業。

西元 1900 年馬偕罹患了喉癌，死前仍然到處宣教。即使到了最後無法吞嚥任何食物的時候，仍然堅持上完最後一堂課。西元 1901 年，馬偕於 57 歲之齡過世，骨灰就葬在今天的淡江中學內。馬偕在台灣基督教、教育和醫療的歷史都相當重要，一個來自加拿大的牧師，帶著對神的愛，將教育、醫療和福音傳到了台灣。

牛津學堂

位於台灣台北淡水的真理大學，由馬偕於西元 1882 年創立，
當時名為牛津學堂（Oxford College）。學堂由馬偕親手規
畫、監工，興建校舍。並在光緒 8 年（西元 1882 年）7 月
26 日竣工，取名「理學堂大書院」書院方位坐北朝南，磚
瓦都由廈門運來，接著並以糯米烏糖、石灰與砂相拌代替水
泥。

在外觀設計中，牛津學堂冠有西式教堂的小帽尖，卻似中
國尖塔的造型，門楣為觀音山石，題有「理學堂大書院
Oxford College 1882」。在建築格局則配置為四合院大厝三
開間，兩進兩護龍，西式圓拱形〈雨披〉的門窗和百葉窗。

Du Cong Min

杜聰明

台灣第一位醫學博士

profile

國籍➡日治時期的台灣
身分➡醫師
生日➡西元1893年8月25日
卒年➡西元1986年2月25日

很多台灣父母親都希望小孩從醫，因為醫師的地位在台灣社會中很高，這是有其歷史原因。以前日本人統治台灣的時候，限制台灣人參政，所以聰明或是有成就的人都去學醫，而台灣第一個醫學博士也真的是聰明過人的杜聰明。

杜聰明出生台灣北部三芝的農家，從小就讀公學校的時候都考第一名。後來以榜首進入台灣最好的總督府醫學校，一開始因為體格不符合被刷下來，然而當時的校長因為惜才，讓杜聰明可以入學就讀。

由於杜聰明知道自己的體格不好，所以破格錄取之後，除了讀書，每天做體操、運動，還游泳、登山，希望自己有足夠的體魄可以應付醫學院繁重的課業。

杜聰明是總督府醫學校第一屆的學生，當時的同學還有後來成立台灣民眾黨的蔣渭水和台灣新文學之父賴和。相較於他的同學在不同的行業上發光發熱，杜聰明選擇了一條寂寞但重要的道路——學術研究。他在總督

府醫學校是第一名畢業的，在校長的高度推薦之下，得以前往京都帝國大學醫學部研究，並獲得了博士學位。

學成回台之後，杜聰明成為台北醫學專門學校（今天的台灣大學醫學院）的教授，當時學校裡只有他一位台灣人教授。杜聰明在教學以外，投入戒治鴉片的工作。當時很多人都對鴉片成癮，不少人傾家蕩產，最後成為社會問題。杜聰明當時主持「鴉片癮矯正所」，發展出漸進的矯正方法，獲得了很大的成功。

在鴉片矯正上有不錯的成績後，杜聰明投入蛇毒的研究。台灣地處熱帶，有很多種毒蛇，每種蛇的毒性不

要做一個有愛心的人，
換句話說，
要對每一個人都有愛，
才可以做個好醫生。

同，以往的農民還有原住民都深受毒蛇之苦，很如人因此而致命。杜聰明研究蛇毒的過程中，發現從蛇毒當中提煉鎮痛劑，可以消除患者的痛苦。

台灣三芝名人文物館中展示的杜聰明影像與資料。

杜聰明長期教育英才無數，也投入研究。第二次世界大戰之後，國民政府來台，杜聰明成為台大醫學院的首任院長。戰後因為種族、語言和文化上的隔閡，爆發了「二二八事變」。杜聰明在事件中選擇躲避，隨著風波逐漸平息，但台大醫學院和以前已經不同，他發現自己與台大校方主事者無法共事。

杜聰明離開了台北，到了高雄，在西元 1954 年成立了台灣第一所私人的醫學院——「高雄醫學院」。以往的醫療資源都在北部，杜聰明在南台灣培養醫療人才，而且培養原住民學生，讓山區的人民也能享受足夠的醫療資源。

西元 1986 年杜聰明博士以 92 歲的高齡過世，他的一輩子就是台灣現代的醫療史，透過他的聰慧、努力與毅力，讓醫療資源普遍在台灣的不同地方。

高雄醫學大學

高雄醫學大學（Kaohsiung
Medical University）簡稱
高雄醫大，是一所位於台
灣高雄市的私立醫學專門
大學，前身為創立於西元
1954 年的高雄醫學院，由
台灣第一位醫學博士杜聰明教
授創建，醫界及台灣各地士紳，踴
躍捐獻，是第一所台灣人創建的醫學院與私立學院。

創院四系有醫學、牙醫、藥學、護理等四系。西元 1999 年
改名為高雄醫學大學，成為台灣第一所以「醫學大學」命名
的高等教育學校。

貝克 亞倫‧T‧貝克

發明憂鬱症療法的醫師

114

我們人類的心靈有如宇宙一樣浩瀚，心理學家嘗試瞭解人類的思維與心靈。聯合國曾經指出憂鬱症是未來人類的重大問題，患有身心疾病的人越來越多，100年來為人類認知行為提供解釋與治療最重要的心理學者就是：亞倫·T·貝克。

　　西元 1921 年貝克出生於美國的羅德島州，父母親都是烏克蘭的移民，家裡有四個兄弟姊妹，他是么子。貝克的父親是個出版商，相信自由主義。母親由於貝克哥哥的早逝而患有憂鬱症的傾向，小時候的貝克有時看到母親的情緒低落，或者突然咆哮，於是開始對心理症狀產生興趣。

　　年輕的貝克有一次因為意外骨折，後來要休學，讓他覺得落後同學，不如人家。這樣的經歷也讓他開始思考如何從不如意的經驗中走出來。後來的貝克成績優異，進入了美國常春藤名校布朗大學就讀，在學校期間也是資優生。

大學畢業後，進入了耶魯大學的醫學院學習，獲得了博士學位。快要 30 歲的時候，貝克與菲利斯結婚，她是一位成功的女性，為賓州第一位女性聯邦法院的法官。他們生了四個孩子，有心理學家，也有法官。

　　或許我們可以說貝克是「人生勝利組」，一切都很順遂，但由於早年母親憂鬱症的傾向，讓他對於人類的心靈有著濃厚的興趣。結婚後貝克到耶魯大學擔任心理醫師。以往的心理學者主要按照佛洛伊德的精神分析療法，但後來他發現這樣的方法缺乏科學客觀性。

　　貝克和精神分析學家利昂·索爾透過電話治療的方式，發展出了一套問卷，用科學的方法量化精神分析的研究方法，發表了憂鬱症的新研究。後來也得到美國政

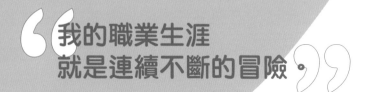

**我的職業生涯
就是連續不斷的冒險**

授課中的貝克。

府的支持，發展出了「貝克憂鬱量表」，並且在實際的
治療中得到使用。

　　貝克後來在賓州大學成立了一個專門治療憂鬱症的
研究所，開始不用精神分析的方法，採用認知的方式。
從臨床經驗中，他發現很多憂鬱症患者會對人生、社會
和世界產生退卻和消極的想法。但貝克的方式是想要讓

這些患者瞭解自己對於消極的看法，而不是評價和批評這樣的想法，認知自己狀態的治療方式，後來稱為「認知行為療法」。

由於以往憂鬱症患者在精神分析的方式下，都會否定自己的過去，認為童年一定出了什麼問題，才會變成現在這樣。但貝克要求患者記錄自己的想法，抽取其中的共同點，然後檢驗是否符合事實，讓患者瞭解自己的焦慮是否符合事實，進而覺察自己和實際狀況的差距，才可以緩解負面的情緒。

西元 2021 年貝克以 100 歲的高齡去世，被認為是最重要的五位心理學家之一，也出版了 25 本書，得過很多獎項，促使我們對於自身的心靈有更多的認識。

貝克憂鬱量表（Beck Depression Inventory, BDI）

由美國心理學家貝克於西元 1961 年編制，並在西元 1996 年根據新的診斷標準進行了修訂。和 SDS 一樣，BDI 可用於患者自評。量表包括 21 個陳述句專案，分值為 0~3 分。

計分標準：將所有專案得分相加即可得到總分，總分的不同範圍表示不同的抑鬱程度。

總分小於 10 分：無抑鬱；**總分 10 分~15 分：**輕度情緒不良；
總分大於 15 分者：有抑鬱情緒；**當大於 25 分時：**嚴重抑鬱。

回答方式：請根據個人最近的狀況，選擇一個適當的選項。

1　□ 0 我不感到難過。
　　□ 1 我感覺難過。
　　□ 2 我一直覺得難過且無法振作起來。
　　□ 3 我難過且不快樂，我不能忍受這種情形了。

2　□ 0 對未來我並不感覺特別沮喪。
　　□ 1 對未來我感到沮喪。
　　□ 2 沒有任何事可讓我期盼。
　　□ 3 我覺得未來毫無希望，並且無法改善。

3　□ 0 我不覺得自己是個失敗者。
　　□ 1 我比一般人害怕失敗。
　　□ 2 回想自己的生活，我所看到的都是一大堆失敗。
　　□ 3 我覺得自己是個徹底的失敗者。

4 　□0 我像過去一樣從一些事中得到滿足。

　　□1 我不像過去一樣對一些事感到喜悅。

　　□2 我不再從任何事中感到真正的滿足。

　　□3 我對任何事都感到煩躁不滿意。

5 　□0 我沒有罪惡感。

　　□1 偶爾我會有罪惡感。

　　□2 我常常有罪惡感。

　　□3 我總是感到罪惡。

6 　□0 我不覺得自己正在受罰。

　　□1 我覺得自己可能遭受報應。

　　□2 我希望受到報應。

　　□3 我覺得自己正在自食惡果。

7 　□0 我對自己並不感到失望。

　　□1 我對自己甚感失望。

　　□2 我討厭自己。

　　□3 我恨自己。

8 　□0 我不覺得自己比別人差勁。

　　□1 我對自己的弱點或錯誤常常挑三揀四。

　　□2 我總是為了自己的缺失苛責自己。

　　□3 只要出事就會歸咎於自己。

9 　□0 我沒有任何想自殺的念頭。

　　□1 我想自殺，但我不會真的那麼做。

　　□2 我真想自殺。

　　□3 如果有機會，我要自殺。

10　□ 0 和平時比較，我哭的次數並無增加。

　　□ 1 我現在比以前常哭。

　　□ 2 現在我經常哭泣。

　　□ 3 過去我還能，但現在想哭都哭不出來了。

11　□ 0 我對任何事並不會比以前更易動怒。

　　□ 1 我比以前稍微有些脾氣暴躁。

　　□ 2 很多時候我相當苦惱或脾氣暴躁。

　　□ 3 目前我總是容易動怒。

12　□ 0 我關心他人。

　　□ 1 和以前比較我有點不關心別人。

　　□ 2 我關心別人的程度已大不如昔。

　　□ 3 我已不再關心他人。

13　□ 0 我做決定能像以前一樣好。

　　□ 1 我比以前會延後做決定的時間。

　　□ 2 我做決定比以前更感困難。

　　□ 3 我不再能做決定了。

14　□ 0 我不覺得自己比以前差勁。

　　□ 1 我擔心自己變老或不吸引人。

　　□ 2 我覺得自己的外表變得不再吸引人。

　　□ 3 我認為自己長得很醜。

15　□ 0 我的工作情況跟以前一樣好。

　　□ 1 我需要特別努力才能開始工作。

　　□ 2 我必須極力催促自己才能做一些事情。

　　□ 3 我無法做任何事。

16　□ 0 我像往常一樣睡得好。

　　□ 1 我不像往常一樣睡得好。

　　□ 2 我比往常早醒 1 至 2 小時且難再入睡。

　　□ 3 我比往常早數小時醒來，且無法再入睡。

17　□ 0 我並不比以往感到疲倦。

　　□ 1 我比以往易感到疲倦。

　　□ 2 幾乎做任何事都令我感到疲倦。

　　□ 3 我累得任何事都不想做。

18　□ 0 我的食慾不比以前差。

　　□ 1 我的食慾不像以前那樣好。

　　□ 2 目前我的食慾很差。

　　□ 3 我不再感到有任何的食慾。

19　□ 0 我的體重並沒有下降，若有，也只有一點。

　　□ 1 我的體重下降了 2.5 公斤以上。

　　□ 2 我的體重下降了 4.5 公斤以上。

　　□ 3 我的體重下降了 7 公斤以上。

20　□ 0 我並未比以往更憂慮自己的健康狀況。

　　□ 1 我被一些生理病痛困擾，譬如胃痛、便秘等。

　　□ 2 我很憂慮自己的健康問題，因此無法顧及許多事務。

　　□ 3 我太憂慮自己的健康問題，以致於無法思索任何事情。

21　□ 0 最近我對性的興趣並沒有特殊改變。

　　□ 1 最近我對性的興趣比以前稍減。

　　□ 2 目前我對性的興趣降低很多。

　　□ 3 我對性已完全沒有興趣了。

貝克憂鬱量表的計分

當你做完問卷，將 21 題的得分累加起來求出總分。每題最高得分是 3 分，最低是 0 分，因此總分不會高於 63 分，反之，總分最低為 0 分。

貝克憂鬱量表簡易說明

0-13 正常範圍	表示情緒狀態大致平穩。
14-19 輕度憂鬱	表示可能有輕微的情緒波動或低潮，這些低潮尚在其個人可以應付的範圍，但需要他人的關心與支持。
20-28 中度憂鬱	表示有較多的苦惱與煩悶，情緒低潮的處理已經達到個人能夠負荷的範圍，周圍的朋友可以持續地給予關心與支持，然接受專業的協助比較能協助其走出情緒的低潮。
29-63 重度憂鬱	表示情緒低潮可能已經達到憂鬱症的程度，但仍需要專業醫師的診斷再加以確立，再配合藥物治療以利復原；若有心理性因素亦需同時配合諮商治療。這樣的人常常會閃避他人的協助，更需要師長與同儕主動地伸出援手。

CHAPTER 3
改變全人類的
生活方式

萊特兄弟

人類歷史上首次重於空氣的受控航空器發明者

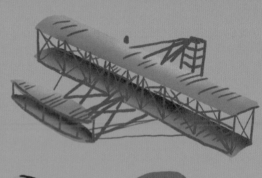

profile

國籍➤美利堅合眾國（美國）

身分➤飛機發明者

生/卒年➤

威爾伯・萊特（Wilbur Wright）

西元1867年4月16日

──1912年5月30日

奧維爾・萊特（Orville Wright）

西元1871年8月19日

──1948年1月30日

當人類望向天際，看著鳥類在天空翱翔，也很想有飛行的能力。很多人嘗試製作過飛機，但讓飛機安全且平穩飛行的是萊特兄弟。出生於美國的萊特兄弟，哥哥威爾伯生於西元 1867 年，弟弟奧維爾出生於西元 1871 年。

萊特兄弟的父親是基督教協基會的主教，因為傳道的關係，經常旅行。萊特兄弟小的時候父親帶回來了一個直升機的玩具，用紙、竹子和木頭做成，透過橡皮筋來驅動螺旋槳。可以飛上天的玩具讓他們印象深刻，而且玩具壞了，他們也能修好。

奧維爾並不是一個愛讀書的孩子，小時候相當調皮，還曾經被學校開除。威爾伯比較會讀書，但是因為搬家的原因，他沒有拿到高中的文憑。本來威爾伯想要申請耶魯大學，沒想到卻因為打曲棍球受傷，沒有了門牙，讓他性情變得內向。

奧維爾和威爾伯後來一起經營了印刷廠，兩個兄弟

一起努力事業，並且自行製造影印機。威爾伯因為有了生活的重心，逐漸擺脫憂鬱傾向。除了印刷機之外，當時自行車逐漸流行，知道商機來了的兩兄弟，開創了一家銷售和維修自行車的公司。

不管是印刷或是自行車，都讓萊特兄弟有機械製造的基礎，後來他們開始生產自己品牌的自行車，籌措發明飛機的資金。在萊特兄弟的時代，當時有個有名的飛行達人奧托·李林達爾（Otto Lilienthal），他用了巨大的翅膀架在自己的手臂上，彷彿像個鳥人一樣試飛，李林達爾有幾次成功的經驗，但在一次的飛行中摔死。

由於李林達爾的意外，讓萊特兄弟知道人類除了要飛起來以外，還要飛得安全，飛機才有可能商業化。李林達爾是靠著自己身體的運動來控制飛機，萊特兄弟後來觀察鳥類的飛行，發現鳥類是透過翅膀後端的羽毛角度來控制飛行方向。

除了透過觀察鳥類以外，從事自行車製造的萊特兄

萊特兄弟於西元 1903 年在美國北卡羅來納州基蒂霍克測試一架早期飛機。

"從事自己有興趣的事，就是幸福。"

弟，想用機械的方式讓飛機安全飛行。有一次在店裡苦思的時候，他們透過一個小紙盒，製作出了讓機翼尾巴可以行動的裝置，這樣可以讓飛機隨著氣流改變方向，也影響到了後來飛機的製造。

發現了控制飛機的技巧，萊特兄弟開始尋找適合的馬達還有螺旋槳。但飛行試驗不是第一次就可以達到的，經過了好幾次的試飛，有時候還有生命危險，萊特兄弟終於設計出可以平穩飛行的飛機：飛行者一號。

威爾伯因為中年的時候罹患傷寒，英年早逝。奧維爾後來活躍在航空界，指導政府和公司關於飛機的相關研究。當時的飛機和現在仍然不大相同，還沒有辦法載運大規模的乘客。

萊特兄弟到全世界各地跟大家展示飛行的技術，後來透過他們的發明，才讓現代的飛機得以誕生，載著人類在世界旅行。

關鍵人物知識 PLUS

奧托・李林達爾

奧托・李林達爾（Otto Lilienthal）是德國的航空先驅，有著「德國滑翔機之王」及「蝙蝠俠」之稱，也是歷史上首位能夠重複成功完成滑翔飛行的人，也被稱為「滑翔機之父」。李林達爾熱愛研究鳥類，從小就希望可以當一個飛人，會學著鳥類在雙臂綁上翅膀一邊撲打一邊快跑，但總是失敗。

他意識到光靠人類自己的力量是無法飛上天的，於是著手研究機械動力來輔助飛翔，他一面模仿鳥翼，製造滑翔機，一面改善構造並且做著一次次實驗，雖然都失敗，但仍然累積了不少機械操縱和滑翔經驗。

李林達爾後來將用心研究的鳥類飛行和滑翔實驗寫成《鳥類飛行──航空的基礎》也有助於後人在飛機發明上的研究。1896 年 8 月 9 日李林達爾操縱滑翔機從山坡上起飛，當時因為強力的風勢，讓他一下子騰空飛起，只是很快地滑翔機就失速，李林達爾無法控制。

李林塔爾非常興奮，卻全然不知由於上升迎角太大，滑翔機已達到了失速的邊緣，機身突然直接朝下摔往地面，滑翔機摔毀，李林達爾也受了重傷，最終導致死亡。

岩崎彌太郎

大幅改變日本生活方式的商人

profile

國籍➡日本國
身分➡實業家
生日➡西元1851年2月8日
卒年➡西元1908年3月25日

商人溝通有無，將物品運送至不同的地方，透過差價賺取利潤，需要獨到的眼光看到商機，才能賺取財富。在時代發生巨變的時候，特別是改朝換代，雖然有很多不確定的因素，但如果能夠在危機時看準市場的發展，就能為自己獲得很大的財富。

「三菱」集團是大財團，在日本很少有公司的規模比他龐大，但是三菱的創辦人岩崎彌太郎的出身卻相當的窮困，不只窮困，還在住四國的鄉下。四國是日本經濟發展較為緩慢的地方，岩崎彌太郎所出身的土佐在四國的南部，彌太郎雖然出身武士家庭，卻是最下層的武士，父親所領取的一點薪俸根本無法支付生活開銷，岩崎從小穿得破破爛爛的。

身為沒落武士家族中的長男，由於父親和祖父賣掉了武士的權利，彌太郎也因此成為地下浪人，還因為犯事而被關進監牢中。

彌太郎卻因而有機會跟同牢囚犯學習算術，這也讓

位於日本高知縣安藝市的岩崎彌太郎雕像，此為岩崎彌太郎的出生地。

" 大膽創業，小心守成 "

他在日後在商場中嶄露頭角，甚至被任命為阪本龍馬的海援隊的會計。

　　而且也幸好他從小就喜歡讀書，除了識字以外，還寫了一手好文章，長大之後被當地的領主看中，給他官職可以發揮。彌太郎負責經營領地的商業，有機會出差到別的地方，透過出差的機會到了九州的長崎。長崎是當時日本的大城市，而且聚集了很多外國人在這裡做生意，他認識了當地的大商人哥拉巴，讓彌太郎在長崎有了經商的人脈。

　　距今超過 150 年的日本明治維新，是日本歷史上最大的變革，當時政府廢棄以前的幕府體制，走向君主立憲的政體，在經濟上也加速現代化的發展，彌太郎看準了明治維新是個發財的好機會，決定從商，以自己的積

蓄買下了兩艘船，開始了海運的事業，他認為四面環海的日本，現代化的海運一定是最大的商機。

一開始只有兩艘船的公司，當時最大的對手是官方的郵船，為了與官方競爭，彌太郎除了掌握大量的人脈，並且透過高效率的經營方式，加速遞送過程，貨物更加快捷的送達，讓政府看到他的努力，最後連政府的遊船也讓的三菱來經營，當時日本的汽船有 70％是岩崎家的三菱所經營，稱霸了日本的海運業。

然而，經營海運的過程也曾遭受挫折，當時有一間共同運輸公司為了與他競爭，降低價格，希望打敗三菱，但是彌太郎將公司改組，並且把不需要的人力裁減，不到幾年的時間讓對手無利可圖，讓三菱仍然穩坐海運的龍頭。

也由於當時出兵台灣的需求，三菱商會抓準時機，不負所託地完成大家都不敢觸碰的軍需運送任務，因而順利得到明治政府的大力援助，進而成為日本國內最大的海運公司，為三菱商會擴張立下了穩固的根基。

岩崎彌之助

彌太郎因為太過勞累，50 歲的時候就英年早逝，好險彌太郎的弟弟彌之助馬上可以接班，通令各個分公司不能因為彌太郎的死就鬆懈商務，因為對手隨時有可能會反擊。對手果然趁著彌太郎的死發動攻擊，彌之助沒有被打倒，反而讓三菱更上一層樓。

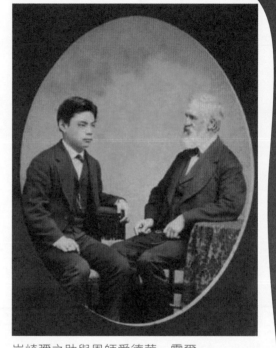

岩崎彌之助與恩師愛德華·霍爾

三菱在彌之助的帶領下，不僅經營海運，開始多角化經營煤礦、銀行、機械、鐵路、造紙、化工、啤酒，還購買了東京的大批土地，讓三菱成為當時日本最大的集團。三菱集團是日本走向現代化的重要企業，創辦人岩崎彌太郎與彌之助奠定了公司的基礎，不僅讓自己賺取了財富，也讓日本的各項產業發展起來，能跟西方人一較上下。

Henry Ford

福特 亨利·福特

建立汽車社會的創新工業家

profile

國籍➡美利堅合眾國
　　　（美國）
身分➡實業家
生日➡西元1863年7月30日
卒年➡西元1947年4月7日

我們現在很難相信沒有汽車的時代，不管是家用汽車或是公共汽車，車子在我們的時代不可或缺。但以往汽車是有錢的人才能享有的權利，讓汽車成為平常人都能享受的就是美國的汽車大亨——亨利‧福特。

福特汽車行銷全球，亨利‧福特也賺取了大筆財富。但他出身寒微，是一個農場主人的兒子。福特的母親很早就去世了，他有五個弟妹，身為長子的他相當獨立和堅強，而且對世界深富好奇心。幼年的福特展現了對於機械的興趣，喜歡探究背後的原理。

福特 10 多歲的時候到了底特律當機械師的學徒，憑藉著高度的興趣，後來進了美國重要的電器廠商西屋電器。知名發明家愛迪生在西屋電器遇到福特，聘請他當工程師。然而福特並不只想要做個工程師，他對於汽車內燃機有著高度的興趣，想要透過創業來研發品質優良的內燃機。

20 世紀初，福特成立了自己的公司——福特汽車公

要顧忌競爭，誰做事做得漂亮，就能在競爭中取勝。

西元 1896 年亨利‧福特駕駛一輛福特汽車。

司。福特不只對於機械有興趣，對於市場也相當瞭解。一開始思考不同價格的汽車，試圖攻占不同收入的族群。福特一開始推出的 A 型車在美國市場上獲得了很大的成功。

然而，獲得財富的福特，沒有停止研發，而是繼續思考增加汽車的品質。福特清楚的瞭解如果沒有增進技術上的發展，一定會被別人超越。為了要讓更多人可以擁有汽車，福特認為一定要在製造過程加以簡化，而且讓每個零件都標準化，如此才能大量生產，才可以讓成本降低，汽車的價格下降，大家都能擁有汽車。

福特把賺取的財富再度投入密集的研發，經過了好幾次的修改，後來知名的 T 型車終於完成。這台劃時代車款除了外觀設計相當美觀以外，最重要的在於它採用流水線加工方式，讓汽車可以大量生產。

流水線指的是勞工每個人在汽車裝配的過程中，只要專心處理好自己的工作，像是裝發動機、方向盤、儀

表板等簡單的工作，在一條運行的輸送帶上每個零件的裝配時間都可以精準地計算出來，由此讓汽車的生產時間大規模地降低，生產數量則大幅度的增加。

T型車的大量成功，讓福特汽車從西元1908年開始將近20年的期間賣出了1500萬輛汽車，是當時全世界汽車的一半。福特所創下的成就，目前還沒有人可以超越。福特汽車在汽車市場上獲得大量的成功，然而，後來在西元1920年代時汽車銷售量下滑。福特長期關注汽車的內燃機，對於車子的外型並不重視，消費者在有了便宜的汽車後，對於外型更加注重，後來福特汽車更加注重車體的設計感。

亨利・福特後來成立了基金會，照顧弱勢族群，事業則交棒給了福特二世，傳承福特汽車的事業。在西元1947年享壽83歲，成為汽車業和現代工業技術的傳奇人物。

福特主義

福特主義（Fordism）指的是以標準化大量製造、降低成本以塑造資本優勢。這是一種以市場為導向，極為精細分工並將任務簡單化的生產流水線製造方式。主要特點有三種：

❶ **產品標準化**。一切都是由非熟練工人利用機器和模具來製作。

❷ **流水線生產**。利用專用工具和設備，讓非熟練工人能合作生產成品。

❸ **給付高於標準的工資**。付給工人高於一般生活開銷的薪資，讓他們有能力買自己製造的產品。

這樣一來便減少了經營工廠所需的勞動力，也因勞工無須太過專精的技能，而直接減低生產成本。

伯納斯 - 李

提姆・伯納斯 - 李爵士

全球資訊網的發明者

profile

國籍➡大不列顛暨北愛爾蘭
聯合王國（英國）
身分➡電腦科學家
生日➡西元1955年6月8日

現在我們上網相當容易，利用網路搜尋資料，在各種網站上瀏覽需要的訊息，成為生活當中相當重要的一部分。然而，大家知道「網際網路」（Internet）和「全球資訊網」是兩件不同的事情嗎？

用個簡單的比喻就是前者是網路世界，後者則是進入的門口。如果沒有後者，我們就無法瞭解網路世界的浩瀚。我們經常在所有的網址前面都會加上三個英文字www，是WorldWideWeb的簡寫，這就是「全球資訊網」，他的發明人是提姆‧伯納斯 - 李。

西元 1955 年伯納斯 - 李出生於英國，家裡有四個孩子，他是老大。伯納斯 - 李的父母親都是電腦工程師，而且是電腦發明之後，投入第一代商用電腦研發的科學家。伯納斯 - 李從小就知道電腦的相關概念。除此之外，他也很喜歡鐵道，自己會焊接鐵道模型，從中學到一些電子的相關知識。

伯納斯 - 李相當好學且聰明，在西元 1973 年進入牛

英國女王伊莉莎白二世在倫敦市中心的白金漢宮重新啟動君主制網站之前，與全球資訊網的發明者提姆‧伯納斯-李爵士握手。

津大學讀書。畢業後開始在電信公司上班，負責寫軟體。

西元 1980 年是他工作過程中的重要時期，剛好有機會可

以到日內瓦的歐洲核子研究組織工作。來自世界各國不

同的科學家們齊聚日內瓦，每個人都有深厚的知識，來

自不同的研究組織。然而，他們的電腦中充滿了不同的

網路系統、文件和數據格式，彼此的資源無法互通。

> **我或許發明了全球資訊網，但是你們所有人，對目前的網路現況，都助了一臂之力。**

　　當時伯納斯 - 李的工作就是要在如此複雜多元的系統中，尋找到可以相互聯繫的方式。為了要改善彼此工作的交流，他發展出了一種索引系統，可以讓研究者在不同的電腦中找到需要的資料。有了這樣的工作經驗之後，他後來到了另外一家電腦公司研發遠端的網路設計，讓他有了不同的工作經驗，之後再度回到歐洲核子研究組織工作。

　　西元 1990 年的時候，伯納斯 - 李開始將三樣網際網路最重要的部分連結在一起，就是結合負責傳送訊息的 HTTP、負責網頁上顯示訊息的 HTML，還有每個網頁都有地址的 URL。三樣概念，形成了我們現在使用網路的方式，輸入網址，然後就能找到相關的網頁。

經過了相關的測試，伯納斯 - 李在西元 1991 年將他的發明開放給了全世界，這個網址目前還維持原來簡單的樣子，可以點進去看看：http://info.cern.ch/。發明了全球資訊網後，伯納斯 - 李沒有申請專利，也沒有靠此致富，因為他相信網際網路是屬於全人類共有的，網路應該分享知識，國家或任何組織不應該控制網路。

　　全球資訊網一開始的推廣並不是一帆風順，前幾年的點擊率每天不到一百次。後來因為有了新的瀏覽器發明，讓全球資訊網一下與上百萬人聯繫起來，逐漸成為我們現在所使用的網路瀏覽方式。伯納斯 - 李因為他的重大貢獻，獲得了大英帝國的勳章，而且在西元 2017 年獲得電腦科學領域最重要的獎項——圖靈獎的殊榮。

圖靈獎

西元 1966 年由美國電腦協會（ACM）設立全名「A.M. 圖靈獎」（ACM A.M Turing Award），一般通稱為「圖靈獎」（Turing Award），名稱取自電腦科學家、英國曼徹斯特大學教授艾倫・麥席森・圖靈（Alan Mathison Turing），以獎勵對電腦事業有重大貢獻的人，獎金高達 100 萬美元。圖靈獎的審核極為嚴格，獲獎條件要求極高，且每年只授予一名電腦科學家，是電腦領域中的國際最高獎項，被譽為「電腦界的諾貝爾獎」。

艾倫・麥席森・圖靈

珍·古德 珍·古德女爵士

奉獻給動物與環保的自然學家

profile

國籍➡大不列顛暨北愛爾蘭
　　聯合王國（英國）
身分➡生物學家、動物學家、
　　人類學家
生日➡西元1934年4月3日

將近 90 歲的珍·古德博士是推動國際動物與環境保護的權威，即使年邁仍然到處演講，推動生態的保護與黑猩猩的保育。珍·古德出生於西元 1934 年的英國倫敦，從小就喜歡聽動物的故事，並且對於獸醫「杜立德醫師」的故事相當感興趣，裡面提到非洲原野的場景讓她十分著迷，下定決心要去非洲。

小時候的珍·古德不是一個認真聽話的學生，因為不喜歡被關在教室中，她喜歡在森林或是草地上觀察。高中畢業後，珍·古德做了很多份不一樣的工作，在診所當過祕書，還到過電影片廠工作。然而，因為家庭環境的關係，沒有錢資助她的非洲夢，但珍·古德努力工作，在 23 歲時存到了前往肯亞的船票。

西元 1957 年珍·古德終於搭上了客輪前往肯亞，她在那邊找了份工作，可以在肯亞生活下來，並且觀察動物和她最喜歡的原野。讓珍·古德生命產生巨大轉變的是遇到了劍橋大學的李基教授，他在肯亞研究東非猿人和巧人。由於珍·古德對於動物的觀察和研究讓李基感

珍・古德與小黑猩猩。

> ## 眼中沒有眼淚，
> ## 心裡就沒有彩虹。

到驚訝，就讓她在博物館跟他一起工作。

　　珍·古德在博物館工作了一陣子之後，發現她真正喜歡的是原野上活生生的動物，而非博物館中的標本。於是她向李基教授提起了這件事，李基教授非常開心，希望她能不受任何束縛，走到野生動物的世界中觀察。珍·古德走進了非洲原野，然而黑猩猩一看到人類就躲了起來，讓珍·古德的觀察非常困難。為了要和黑猩猩接近一點，她花了將近一年的時間才能慢慢接近牠們。

　　為了獲得黑猩猩的認同，珍·古德長期住在非洲的原野裡。後來黑猩猩開始跟她交流，並且讓珍·古德走進牠們。珍·古德從觀察黑猩猩的過程裡，知道黑猩猩會使用工具，以往相信只有人類才會使用工具，但珍·

古德發現很多人類有的行為，在黑猩猩的社會中也有。

透過研究黑猩猩的行為，珍·古德後來回到英國，在劍橋大學攻讀博士，並且獲得博士學位。得到博士學位後，珍·古德還是回到她最愛的非洲，成立研究中心。以往認為只有人類才會打仗，但珍·古德發現黑猩猩會對不同的族群發動攻擊，並且毀滅牠們，已經有些行為類似人類。

珍·古德在叢林中經常遇到危險，有時候是獅子跑進帳篷，還曾有次差點墜機。但是為了她心愛的原野和黑猩猩，珍·古德始終不放棄。從黑猩猩的研究開始，珍·古德發現非洲大地上的自然棲息地越來越少，動物的生活空間也被限制。她認識到要保護大自然，才能讓黑猩猩的居所不被人類的環境汙染所破壞。

西元 1977 年珍·古德在舊金山成立了基金會，為了動物研究、教育，還有環境保護而努力。除此之外，跟環境相關的飲食和公平交易的問題，也是珍·古德努力

奔走的議題。為了動物和環境，還有地球的生態，珍·古德博士一路努力到現在。

根與芽

根與芽（Roots & Shoots）是一個國際環境組織和自然保育組織，目前在全球 140 多個國家都有分部。這個組織是在西元 1991 年時，珍·古德於坦尚尼亞當地學校演講時發起成立，挑選十二名當地年輕人前往她的住處討論環境問題，並且思索如何改變現狀，而這十二名學生成為這個組織的

初始會員。目前包括台灣，全球在二十七個國家都有分支機構。

伯克郡溫莎城堡舉行的「根與芽」全球領導會議。英國亨利王子也一同與會。

Steve Jobs

賈伯斯 史蒂夫·賈伯斯

帶領世界進入智慧型手機時代的人

profile

國籍➡美利堅合眾國
（美國）
身分➡企業家、工業設計家
生日➡西元1955年2月24日
卒年➡西元2011年10月5日

現在的人每一天都離不開智慧型手機，它具有電話、電腦和娛樂的功能，滿足我們生活的很多層面，讓手機開始有智慧的重要人物之一就是賈伯斯。

出生於西元 1955 年的賈伯斯，父親是敘利亞到美國留學的學生，在威斯康辛大學讀國際政治的博士班，認識了賈伯斯的母親喬安納。兩人未婚生子，後來母親在舊金山生下了賈伯斯，將他交給養父保羅。

賈伯斯的養父是一位改裝和銷售二手汽車的商人，所以他對於機械裝置的組裝相當感興趣。小時候的賈伯斯很聰明，但不喜歡制式的學習方式，有不少老師發覺他特殊的才能，讓他可以接觸到無線電的安裝。

高中的時候，賈伯斯認識史帝夫·沃茲尼克，兩人都喜歡音樂，而且對於製作儀器有興趣，他們還一起做盜打電話系統的藍盒子，透過這個裝置賺了一些錢。高中畢業後，賈伯斯選擇學風自由的里德學院，除了平常的學習，賈伯斯沉浸在佛教的禪宗哲學當中，對於設計、

書法和美學的課他也很喜歡。

由於正常的大學生活讓他覺得無趣，後來離開了大學，前往印度苦行，希望獲得人生的啟發。賈伯斯後來進軟體公司上班，和史蒂夫一起開發遊戲。西元 1970 年代中期，很多公司開始開發個人電腦，史蒂夫和賈伯斯也一起在自己家裡的車庫當中製造，並且成立了蘋果公司。

創業的過程不是一帆風順，蘋果更換了好多次設計，後來發展出麥金塔電腦，逐漸在市場上成功。然而，西元 1984 年麥金塔的銷量下滑，賈伯斯被認為是公司成長的阻礙，離開了他創辦的公司。

然而，賈伯斯離開蘋果後，開始對於動畫產業產生興

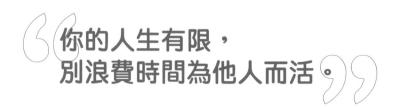
你的人生有限，
別浪費時間為他人而活

史蒂夫・賈伯斯於西元 1988 年，加州舊金山戴維斯交響樂廳，NeXT 工作站發布會前。

趣，他成立了皮克斯動畫公司，製作的《小錫兵》獲得了奧斯卡金像獎，讓公司的聲量大增，還跟迪士尼共同製作動畫，讓我們現在可以看到很多膾炙人口的動畫，像是《玩具總動員》。

反觀蘋果公司在賈伯斯離開後業績一路下滑，後來他們邀請他回來重整公司。回去蘋果公司後，賈伯斯在西元 1997 年推出的 iMac 有著嶄新的外殼和創新的設計，在美國和日本大賣，讓大家重新看到了蘋果。

西元 2000 年之後，蘋果推出 iPod，嘗試將音樂和網路連結，又嘗試整合手機的功能到 iPod 中。西元 2005 年之後，賈伯斯開始思考平板電腦的可能性，發展出了 iPad。

電腦、音樂和電話等不同功能都創造出不同的產品之後，在西元 2007 年 iPhone 手機正式問世，造成全球的轟動。然而，賈伯斯其實在西元 1997 年就有健康上的問題，已經發現自己有癌症，從西元 2004 年開始接受手

術，但仍在工作和開發新手機。西元 2011 年 1 月的時候賈伯斯開始休假養病，但在 10 月離開人世。

迪士尼和皮克斯

皮克斯動畫工作室是一家位於美國加州的電腦動畫製片廠。前身是盧卡斯影業的電腦圖形部，在被賈伯斯收購後，於西元 1995 年發行動畫電影「玩具總動員」取得巨大的成功，之後的「海底總動員」、「超人特攻隊」及續集都大受好評與取得漂亮的票房成績。西元 2006 年，皮克斯被迪士尼公司以 74 億美元收購，皮克斯動畫工作室為迪士尼這家百年老牌注入新血。

皮克斯動畫工作室園區大門。

比爾‧蓋茲

威廉‧亨利‧蓋茲三世

創造全球最多人使用的電腦作業系統

profile

國籍➔美利堅合眾國
（美國）
身分➔實業家、軟體工程師
生日➔西元1955年10月28日

我們現在人的生活都離不開電腦，而其中的作業系統，像是 Word、PPT……微軟的作業系統等，更讓我們可以輕易的處理很多的工作。這些軟體的發明都讓我們人類的工作和生活造成很大的改變，促成這些改變的人就是比爾‧蓋茲。

西元 1955 年出生於西雅圖的比爾‧蓋茲，父親是當地有名的律師，母親是銀行家，全家有三個孩子，只有比爾一個男生。比爾從小的成績普通，但對於數學相當感興趣。一直到 13 歲在學校的時候接觸到了電傳打字機後，開啟了他的一扇窗，後來比爾開始學習電腦的程式設計，相當著迷於其中。

在湖濱中學讀書的時候，他認識了好友保羅‧艾倫，他們對於程式設計都很感興趣。後來還有公司來找他們，比爾‧蓋茲雖然同意，但中學的他已經十分注重智慧財產權，提出了著作權的協定。

艾倫和蓋茲 17 歲的時候就成立了一家資料公司，積

極思考程式與電腦間的關係。蓋茲後來進入了美國的哈佛大學讀書，然而，蓋茲對於學業沒有很感興趣，滿腦子都想著創業的事情，所以到大三那年離開了哈佛。

西元 1975 年蓋茲與保羅一起創辦了微軟，蓋茲相信以後世界每個家庭當中都會有電腦，我們的辦公桌和教室也都會有電腦，秉持著這樣的想法，蓋茲開始投入軟體產業。

當時的很多電腦廠商開始積極地投入個人電腦的製作，IBM 更是其中的龍頭，他們積極的要尋找電腦的作業系統，微軟在這個時候把握住了機會，跟 IBM 合作。微軟將軟體命名為 PC-DOS，授權給 IBM 使用，創造了個人電腦開始大量生產的時代。

當你陷入人為困境時，抱怨是沒有用的，你只能默默地吸取教訓。

年輕的比爾蓋茨。軟體開發人員、微軟總裁兼首席執行官。

　　微軟開發出我們現在都熟悉的 Windows 作業系統，
這套系統現在被全世界大部分的電腦所使用，也是因為
在軟體開發上的成功，讓比爾‧蓋茲躍升為全球的首富，
從西元 1995-2007 年在《富比世》雜誌上蟬聯 13 年。

在西元 2000 年的時候，比爾‧蓋茲辭去微軟的執行長，但仍然擔任董事長。除了創辦微軟，比爾‧蓋茲對於全球的貧窮、衛生；疾病和資訊落差也相當在意，他在西元 2008 年將 580 億美元捐到比爾及梅琳達‧蓋茲基金會，關心全球的福利問題。

比爾‧蓋茲覺得改善人類的落差有助於經濟的不平等，並且透過生物技術的改進，創造低廉和平價的食物，讓全世界的人都消費得起。在衛生問題上，比爾‧蓋茲十分關心排泄物的問題，他發現在第三世界國家，由於缺乏基礎設施，衛生問題造成相當多的疾病，因此他也開發便宜簡便的廁所，讓第三世界的環境改善。

大學沒有畢業的比爾‧蓋茲成為了全球的首富，而且改善人類的生活，透過他對於資訊科技的追求和使命，影響著現在大多數的人類。

富比士全球富豪榜

全球富豪榜（The World's Billionaires）是美國商業雜誌《富比士》自西元 1987 年 3 月起，在每年 3 月發布的全球最富有人物的年度排行榜。

排行榜上每位人士的資產淨值是根據他們的資產與債務來做估計，並以美元表示。皇族及獨裁者等財富來自於他們的身分地位者，不包含在這個排行榜中。並且排行榜只登錄實質申報之財產，若財富來源不明者將不被採計。

微軟創辦人比爾・蓋茲在過去 28 年間共上榜 22 次，而亞馬遜公司創辦人傑佛瑞・貝佐斯則 4 次登上榜首，並且是首位千億富豪，直到西元 2022 年被伊隆・馬斯克超越。

改變世界
典範聖賢篇
25 個影響歷史文明的名人大事

作　　者　胡川安
主　　編　王衣卉
文字校對　胡川安、王衣卉、陳怡璇
行銷主任　王綾翊
全書設計　evian
內頁插畫　張容容
內頁照片　達志影像

總 編 輯　梁芳春
董 事 長　趙政岷
出 版 者　時報文化出版企業股份有限公司
　　　　　108019 臺北市和平西路 3 段 240 號

發行專線　(02) 2306-6842
讀者服務專線　0800-231-705．(02) 2304-7103
讀者服務傳真　(02) 2304-6858
郵撥　19344724　時報文化出版公司
信箱　10899 臺北華江橋郵局第 99 信箱
時報悅讀網　http://www.readingtimes.com.tw
電子郵件信箱　yoho@readingtimes.com.tw
法律顧問　理律法律事務所 陳長文律師、李念祖律師
印刷　和楹印刷有限公司

初版一刷　2023 年 10 月 13 日
定價　新臺幣 450 元

改變世界：25個影響歷史文明的名人大事．典範聖
賢篇/胡川安著. -- 初版. -- 臺北市：時報文化出版
企業股份有限公司, 2023.10
176面；17×23公分
ISBN 978-626-353-276-2(平裝)

1.CST: 世界傳記 2.CST: 通俗作品

781　　　　　　　　　　　　　　　　111020349

ISBN 978-626-353-276-2
Printed in Taiwan